반기문 촛불 희망 청년 희망

정치교체로 대한민국을 바꾸다!

반기문 촛불 희망 청년 희망

글 윤학렬

겸손은 결코 헌신이나 통솔력의 부족을 의미하지 않는다.
오히려, 겸손은 요란한 팡파르를 울리지 않고 과업을 완수하는
조용한 결단력이다.

- 유엔 사무총장직 수락 연설 중에서

프롤로그

  이 책은 두 시간 만에 반기문이 누구이며 어떤 환경에서 성장했고, 공직자로서 어떤 삶을 살아왔는지를 청년들에게 알리는 데 목적이 있다. 그래서 최소한 조기대선 정국하에서 자칫 놓칠지도 모르는 반기문의 장점을 청년 유권자와 일반 유권자에게 알리고자 한다. 2016년 대한민국은 박근혜 대통령과 비선실세 최순실의 국정농단으로 시청 앞 광장에 매주 100만을 상회하는 인파가 모여 새로운 대한민국의 가치를 주장하였다. 시민이 이끌어낸 새로운 외침이다. 국회는 2016년 12월 9일 재적 국회의원 과반수인 234명의 찬성으로, 노무현 대통령에 이어 헌정 사상 두 번째로 대통령 탄핵안을 가결했다. 국회 앞에 모여 있던 시민들과 학생들은 현직 대통령 탄핵에 환호를 올렸다.

  세계에서는 영국이 브렉시트 탈퇴를 국민투표로 가결했고 총리 캐머런은 이에 대한 책임을 지고 사임했다. 동남아시아에서 한 세기 가까이 미국과 동맹을 유지해왔던 필리핀의 두테르테 대통령은 마약과의 전쟁과 부정부패 척결을 필두로, 중국과 우호조약을 맺으며 미국을 배제한 자국의 독자노선도 불사하겠다는 의지를 피력했다. 미국은 제45대 대통령선거에서 공화당에서조차 창피하고 부끄러운 후보로 자격이 의심스럽다는 여론이 일던 도널드 트럼프가 힐러리 클린턴을 꺾고 새로운 대통령으로 당선되었다. 세계는 지금 새로운 사람을 통한, 새로운 시스템, 새로운 패러다임을 앞두고 있다. 대한민국이 바야흐로 새로운 세계 질서의 태풍 앞에 놓여 있다는 것이다.

60년 이상 대한민국의 동력이 되어왔던 대통령 중심제는 대통령 임기 말에 오는 레임덕 현상과 측근, 가족 비리로 얼룩져왔다. 안타깝게도 박근혜 대통령 역시 결과적으로 예외가 아니었다. 역대 대통령 중 가장 큰 비선실세의 국정농단이 국민들에게 큰 상처와 아픔으로 다가왔다.

시민들이 모인 광장의 촛불은 보수와 진보라는 진영논리를 뛰어넘어 3만 달러 시대 대한민국을 이끌 새로운 지도자를 희망한다. 2017년 대통령 하야와 탄핵, 조기대선과 개헌이라는 정치적 변수가 대한민국의 21세기 흥망을 좌우할 것이다.

  1991년 동아일보 신춘문예에 희곡으로 당선되어 등단한 이후 글쓰기를 직업으로 삼은 필자는 수많은 희곡과 방송 드라마, 영화에서 수천 편의 작품을 기획 집필했고, 수많은 주인공을 창작해냈다. 또한 10여 년 가까이 대학 일선에서 후학들에게 방송 드라마와 시나리오 작법을 강의했다.

  모든 이야기에는 주인공이 존재하고 주인공에게는 자신의 비전을 이루어내는 열두 가지 여정이 있다. 재미있고 흥미 있는 스토리에는 주인공의 이러한 욕망, 여정을 방해하는 절대세력이나 어려운 과정이 존재하며, 주인공은 이런 어려움과 난관을 이겨내고 마침내 자기 꿈과 비전을 성취해낸다. 그래서 문득 이와 같은 스토리의 주인공처럼 대권주자 중 한 사람인 반기문의 탄생과 성장 그리고 대권도전 이야기를 여기에 적용해보면 어떨까 하는 생각을 했다.

할리우드에서 신화를 근간으로 이와 같은 스토리 내러티브의 패턴을 전문적으로 연구해온 크리스토퍼 보글러의 《신화 영웅 그리고 시나리오 쓰기》를 통해 차기 대권에 도전을 시사한 반기문을 검증해보고자 한다.

대중적인 스토리 작가로서 필자는 2017년 대한민국의 미래를 책임질 제19대 대선주자로 유엔 사무총장을 지낸 반기문을 지켜본다.

그의 탄생과 인생의 여러 과정, 박정희·전두환·노태우·김영삼·김대중·노무현 대통령과 함께했던 외무 공무원 생활, 이명박·박근혜 대통령 임기 중에 국제적 공인인 유엔 사무총장으로 살아온 외교 행정가로서의 여정을 돌아본다. 그리고 이제 삶을 마무리하면서 반기문이 대한민국의 미래를 위해 어떤 선택을 할 수 있을지 희망에 찬 고민을 해본다.

요즘 대학생들에게 신조어인 금수저, 흙수저, 헬조선 등 자기 폄하적이고 부정적인 말들이 유행어로 통용되고 있다. 이러다가 대한민국이 망하는 건 아니냐는 자조 섞인 푸념이 떠돌고 있다. 그러나 대한민국 국민은 위대하다. 결코 이 정도 일로 무너질 민족이 아니다. 이제 대한민국 국민은 자신들을 이끌어줄 정직하고 신념에 찬 지도자를 원하고 있다. 땀 흘려 일하고 노력한 만큼 대가가 주어지는 사회, 기회가 보장되는 사회, 정직한 사람이 존경받는 사회, 나와 다름이 차별이 아닌 이해로 받아들여지고 최소한의 존중과 배려가 있는 사회, 나눔과 소통이 있는 민족공동체!

자칫 흥미 위주의 글로 마무리할 수준의 글에 신창민 박사께서 조언과 함께 고견이 담긴 글을 싣도록 허락해주셔서 글다운 모양새를 갖추게 되었다.

모쪼록 이 글이 보수적 시선을 지닌 분들에게는 반기문이라는 지도자를 통해 하나가 되는 마중물이 되기를 바라고, 진보적 성향을 지닌 분들에게는 반기문이라는 지도자를 이해하고 새롭게 관심을 가지게 되는 계기가 되길 희망한다.

  청년들에게 꿈을 줄 수 있는 지도자, 우린 지금 촛불 희망 반기문을 통해 통일 희망 대통령을 원한다. "끝으로 원고 집필에 있어서 수많은 격려와 의견을 피력해준 남북문화교류협회 김구회 이사장에게 감사를 드린다." 대한민국 21세기의 비전을 향한 반기문의 여정에 박수를 보낸다.

2017년

차 례

프롤로그   06

1 반기문의 모험 대권도전
01 대한민국 발전에 도움이 된다면 한 몸 불사르겠다   16
02 반기문은 누구인가   23
03 외교관 30년, 유엔 사무총장 10년   25
04 반기문의 콘텐츠는 무엇인가   44
05 반기문, 청년과 소통할 수 있는가   48

2 반기문의 정신적 스승은 국민이다
01 반기문이 만난 스승   56
02 누가 새로운 보수인가   64
03 국민이 스승이다   74

3 반기문의 첫 관문 통과, 누구와 할 것인가
01 반기문이 통과한 첫 관문   77
02 누구와 함께할 것인가   87

4 반기문의 시험과 시련
01 동굴 진입, 과거의 시련　　　　　　　　　　　93
02 두려워하지 말라, 놀라지 말라, 강하고 담대하라!　　99

5 반기문의 부활과 위기
01 위기는 기회다　　　　　　　　　　　　　　104
02 꿈꾸는 자는 부활한다　　　　　　　　　　　109
03 유엔 사무총장이 되다　　　　　　　　　　　121

6 반기문만의 청년 비전-반기문노믹스와 통일 대박
01 통일은 대박이다　　　　　　　　　　　　　127
02 왜 민심인가　　　　　　　　　　　　　　　170
03 SOC 투자가 북측 민심에 미치는 효과　　　　172
04 성공적인 SOC 투자 방안　　　　　　　　　177

05 정경분리정책 필수불가결　　　　　　　　　　183
06 북한 주민에게 전파 투입 등 외부 정보 유입　　185
07 과학기술 교류협력　　　　　　　　　　　　　189
08 통일을 향한 3각 구도　　　　　　　　　　　　194

7 반기문의 말과 글

01 반기문 유엔 사무총장 국회 연설, '가슴은 한국에,
　시야는 세계에'(2006년)　　　　　　　　　　197
02 제8대 유엔 사무총장 임명 수락 연설(2006년)　203
03 유엔 사무총장 취임 선서와 연설(2006년)　　212
04 유엔 사무총장 사임 연설(2016년)　　　　　　218
05 귀국 연설(2017년)　　　　　　　　　　　　　225
06 반기문 40년 동안의 말　　　　　　　　　　　231

에필로그 정치교체 어떻게 할 것인가　　　　　　234

1

반기문의 모험 대권도전

01

대한민국 발전에 도움이 된다면 한 몸 불사르겠다

 2016년 12월 20일 유엔에서 반기문 유엔 사무총장은 대한민국 발전에 도움이 된다면 한 몸 불살라 노력할 용의가 있다고 발표했다. 뉴욕 유엔본부에서 가진 한국 특파원단 기자회견에서 10년 총장을 하면서 1년에 300~400명의 정상을 만났는데 성공한 지도자, 실패한 지도자들의 성공과 실패 이유를 나름대로 느꼈다며 국제무대에서도 기여해야 하지만, 현 단계에서는 낳고 키워준 나라의 발전을 위하는 것이 시급하지 않나 생각한다고 말했다.

 반 총장은 귀국을 앞둔 시점에서 국내 상황을 보면 참 가슴 아프다면서 곧 73세가 되니까 쉬는 게 어떠냐고 주변에서 말들 하는데 건강이 받쳐주는 한 국가를 위해 노력할 것이라고 했다. 사

한자리에 모인 세계 정상들

실상 대권도전 의사를 간접적이지만 강력하게 시사한 것이다.

새누리당 입당 가능성을 묻는 질문에는, 정치는 혼자 할 수 있는 것이 아니고 비전과 수단이 있어야 한다면서 현재 서울에서 일어나는 상황이 하루 앞을 예측할 수 없고, 중간지대에 대해서도 당장은 답변하기 어렵지만 결국 국민의 뜻이 중요하다고 말했다. 유엔 사무총장 임기 마지막 기자간담회에서 그동안 감춰두었던 소회를 밝힌 것이다.

나라가 없고 국민이 없는데 파가 뭐가 필요한지 알 수 없다며 노론·소론, 동교동·서교동, 친박·비박 이런 것들이 뭐가 중요한지 물었다. 촛불로 나타난 민심은 국민의 좌절과 분노를 보여준다면서 노무현에 대한 배신이라는 질문에는 정치적 공격, 인격모독 발언이라면서 매년 연초에 권양숙 여사에게 안부 전화를 드리는 일화를 소개했다.

이는 국내 언론에 일제히 기사화된 내용의 일부다. 드디어 반기문이라는 리더가 대한민국의 대권을 향해 본격적인 행보를 시작한 것이다. 하지만 현재 대한민국의 정국은 시간과 정치 경험 면에서 반기문에게 결코 유리한 상황이 아니다. 따라서 30년 외무 공무원 생활과 10년 유엔 사무총장으로 터득한 모든 경험을 이 나라를 위해 마지막으로 헌신하겠다는 반기문의 외침이 헛되이 되지 않도록 해야 한다. 그러려면 먼저 몇 가지 반기문이 알아야 할 국내 상황이 있다.

무엇보다 청년에게 희망을 줄 수 있는가다. 다음 세대를 책임질 청년들은 차기 지도자에게 다음과 같은 것들을 요구한다.

먼저 공정한 사회를 만들어 기회의 평등을 보장해달라는 것이다! 박근혜 정권 국정농단의 시발점은 최순실의 딸 정유라의 이화여대 부정입학 사건이다. 입시 부정으로부터 야기된 전횡이 온 나라 곳곳에 감춰진 채 숨어 있던 구태한 부정과 비리를 들춰내는 실마리가 되었다.

이에 분노한 국민은 매주 토요일 광장에 나가 촛불을 들고 자신들의 손으로 선출한 대통령의 하야를 요구했고, 국회는 이를 반영해 탄핵을 결의했다. 이제 헌법재판소에서 대통령 탄핵 인용 여부를 짧게는 60일, 길게는 180일 동안 심리를 거쳐 결론을 내려야 한다.

대외적으로는 남북이 대치하고 있고, 북한은 핵무기를 탑재한 탄도미사일 개발로 일촉즉발의 긴장감을 높이고 있다. 한반도를 둘러싼 대륙세력인 중국과 해양세력인 미국의 대립 역시 한반도 사드 배치 문제를 놓고 새로운 냉전시대의 도래를 진단할 지경이다.

중국은 사드 문제로 우리 문화·경제에 단계적인 보복조치를 교묘하게 시작했고, 무례할 정도로 우리를 전방위적으로 압박하고 있다. 일본 역시 위안부 소녀상 철거 문제를 놓고 부산 총영사

더 큰 빛을 내길

를 본국으로 초치하고, 한일 양국이 협상 중이던 통화스와프 협상을 일방적으로 중단해버렸다. 중국과 일본 양국 다 갑질 아닌 갑질로 우리나라를 곤혹스럽게 하고 있다. 이제 막 출범한 트럼프 정부 역시 자국의 이익 앞에 어떤 주장으로 우릴 내몰지 모르는 일이다. 그런데 전 세계적으로 유일하게 분단된 한반도, 2017년 대한민국은 중국과 러시아 그리고 미국과 일본 사이에, 그리고 북한의 핵 문제 사이에 사방팔방 끼여 옴짝달싹도 못할 형국이다.

이러한 중대한 순간 내치가 무너져버리고 말았다. 박 대통령과 40년 동안 가까이 지내온 최태민·최순실 일가는 이른바 치킨 캐비닛 수준을 넘어 대통령 연설문의 첨삭, 국가 기밀에 해당하는 정책 공유, 특히나 장·차관을 비롯한 국무위원 인사에 일정 부분 관여했다는 증언과 증거들이 속속 터져나오고 있다. 이와 동시에 최순실의 딸 정유라의 이대 불법 입학과 승마 특기를 위한 대기업의 암묵적인 지원까지 국민의 자존감에 치유할 수 없을 정도로 상처를 주고 말았다.

지금, 바로, 여기, 대한민국은 너무 아파서 신음하고 있다. 그 어떤 드라마나 영화, 코미디보다 작금의 국내 현실이 더 코미디 같다. 상상할 수 없는 일들이 벌어졌다. 이런 일련의 일들로 모두가 상실감에 허망해하고 있다.

그러나 이런 모든 일련의 사태가 그들의 잘못만은 아니다. 좀 더 성숙한 국민의 시선이 있었다면, 보다 책임 있는 궁극적인 시선이 있었다면 일이 이 지경으로 흐르지는 않았을 것이다. 국민들은 하나하나 감추기 급급했던 정부 태도에 대한 사과와 진실 규명을 요구하고 있다. 세월호 7시간의 진실을 밝혀달라는 외침, 토요일마다 운집하는 100만 가까운 촛불 시위대, 그전에 벌어지는 수십만에 가까운 탄핵 반대 보수 시민들의 맞불 시위.

경기침체는 당연한 것이고, 조류 인플루엔자(AI)의 창궐로 조류·가금류 3,000만 마리가 도살되었다. 달걀값이 천정부지로 치솟고 있다. 사회는 고령화되어가고, 청년들은 일자리를 찾을 수 없고, 결혼 역시 요원한 일이 되어버렸다. 주택 마련과 교육, 육아에 대한 부담과 불확실한 미래로 신생아 출산율은 해마다 감소되고 있다. OECD 가맹국 중 자살률이 가장 높다. 태어날 때부터 부모님의 부에 따라 새로운 계급이 만들어져 금수저, 은수저, 흙수저로 살아가야 한다. 이런 현실을 빗대어 헬조선이라는 극단적인 자기폄하까지 당연시되고 만연되어 있다. 모든 영화나 드라마의 주인공이 그러하듯이, 가장 큰 위기, 가장 큰 모험 앞에 반기문이 서 있는 것이다.

02

반기문은 누구인가

 이 글에 반기문이라는 특정 후보의 지지를 유도하는 내용만 담기기를 원하지는 않는다. 하지만 이젠 최소한 국가 지도자가 되려는 사람의 면면을 국민들에게 가감 없이 공개해야 한다. 조금의 의심이나 조금의 누라도 점검하고 검증해야 한다. 그러나 그러기에는 이번 대선 정국은 물리적인 시간이 너무나도 촉박하다.
 보통의 대선처럼 최소 1년이라는 물리적인 시간이 있다면, 그 동안 수차례 대선으로 학습된 국민의 지성이 이번만큼은 합리적이고 올바른 선택을 할 것이다. 그러나 애석하게도 탄핵이라는 정국의 소용돌이와 개헌이라는 또 다른 정치적 태풍이 잠재해 있기에, 부득불 이 책을 통해 청년 유권자들이 반기문을 알아보고 점검할 수 있기를 고대하고 푯대가 되길 희망한다.

그러나 이 책은 정치적인 책이 될 수도 없고 그만큼의 깊이도 있지 못하다. 일평생 대중예술인 드라마와 뮤지컬, 영화를 통해 인물을 창조해온 대중예술가가 국민이 위기에 빠진 대한민국을 구할 최상의 적임자를 선택하게 하려고 반기문이라는 지도자를 잘 알지 못하는 국민을 위해 6개월 동안 혼신을 다해 써내려간 인물 보고서다.

누구라도 이 책을 접한 뒤 두어 시간이면 최소한 반기문이라는 사람이 살아온 삶을 알게 되고, 그의 비전을 공유하게 될 것이다. 그다음 선택은 국민의 몫이다.

더는 내가 직접 확인하지 않은 일들이 몇몇 사람에 의해 선동되고, 이미지화되고, 허상이 사실인 것처럼 믿게 되는 일들은 벌어지지 않아야 한다. 과거처럼 대중 선동에 휩쓸려 국민의 고귀한 참정권이 허망하게 사용되지 않아야 한다. 그러한 잘못된 국민의 선택이 지금과 같은 어이없는 사태를 야기하지 않았는가?

03

외교관 30년, 유엔 사무총장 10년

먼저 반기문이 살아온 공직 생활에 대해 객관적으로 살펴보자.
〈위키백과〉에 따르면, 반기문은 대한민국의 제7대 외교통상부 장관을 지낸 외교관이자 제8대 유엔 사무총장이다. 본관은 광주(光州)이며, 출생지는 충청북도 음성군이다. 1970년 서울대학교를 졸업하고 외무고시에 차석으로 합격하여 외무부에서 근무했다. 외무부에서 겸손하고 능숙하다는 평판을 얻었다. 외무부 미주국장, 외교정책실장 등을 거쳐 대통령 비서실 외교안보수석비서관, 외교통상부 차관을 지냈고, 2004년 1월부터 2006년 11월까지 노무현 정부에서 제7대 외교통상부 장관을 역임했다.

외교통상부 장관 시절의 반기문

2006년 2월 유엔 사무총장 선거운동을 시작했다. 반기문은 대한민국의 외교통상부 장관으로서 유엔 안전보장이사회의 모든 나라를 순방할 수 있었다. 2006년 10월 13일 유엔총회에서 제8대 유엔 사무총장으로 선출되어, 2007년 1월 1일 코피 아난의 뒤를 이어 유엔 사무총장의 임기를 시작하였다. 2011년 6월에는 반기문 사무총장 연임 추천 결의안이 안보리의 만장일치와 지역그룹 전원이 서명한 가운데 총회에서 192개 회원국의 박수로 통과되어 유엔 사무총장 연임에 성공하였다.

　반기문은 2013년 〈포브스〉 선정 전 세계에서 가장 영향력 있는 인물에서 한국인 중에는 가장 높은 32번째로 선정됐다.

　반기문은 2016년 12월 31일 10년간의 유엔 사무총장 임기를 마치고 퇴임하였다. 후임 유엔 사무총장으로 선출된 안토니우 구테흐스가 2017년 1월 1일 임기를 시작했다. 2017년 1월 12일 10년 만에 UN에서 귀국한 73세 반기문은 조국 대한민국을 살리겠다며 사실상 대권도전을 선언했다.

　〈위키백과〉에 소개된 반기문의 삶을 조금 더 자세하게 들여다보자. 반기문은 1944년 6월 13일 충청북도 음성군 원남면 상당리에서 태어났다. 조선 중종 때 형조판서를 지낸 반석평(潘碩枰)의 후손이다.

　충주교현초등학교 6학년 때 다그 함마르셸드 유엔 사무총장에게 헝가리 국민봉기에 대한 탄원서를 제출했다. 소련군이 헝가리를 무력으로 침공했기 때문이다. 반기문은 당시 "헝가리 사람들이 자유를 위해 공산주의에 맞서 싸우고 있으니 세계의 평화를 위해 일하는 유엔에서 그들을 도와야 한다"라는 내용의 편지를 보냈다.

충주중학교를 졸업하였고, 충주고등학교 2학년 때 미국 적십자사에서 주최하는 영어경시대회에서 최고 점수를 받았다. 부상으로 '외국 학생의 미국 방문 프로그램(VISTA)'에 선발되어 1962년 고등학교 3학년 때 미국을 방문했다. 한 달간 미국 연수 및 봉사활동에서 존 F. 케네디 대통령을 만나 외교관의 꿈을 키웠다. 1963년 충주고등학교를 수석으로 졸업하고 서울대학교 외교학과에 진학했다.

1970년 2월 서울대학교 외교학과 졸업과 동시에 제3회 외무고시에 차석으로 합격해 그해 3월 외무부에 들어갔다. 신입 외교관 연수를 마칠 때 수석을 차지했다.

반기문은 오랜 기간 대한민국 정부에서 외교관으로서 업무를 수행하였다. 1970년 외무부 여권과, 1972년 주 인도대사관 부영사, 1974년 주 인도대사관 2등 서기관 등을 지냈고, 주로 국제조직을 거쳐 1980년 외무부 국제조직조약국 과장이 되었다.

이후 외무부 지원으로 하버드대학교 케네디 행정대학원으로 유학하였으며, 1985년 4월에 졸업하여 석사학위를 취득했다.

노신영 국무총리

1985년 노신영 주 인도대사에 의해 총리 의전비서관으로 발탁됐다. 1987년 7월 주미대사관 총영사, 1990년 6월 외무부 미주국장, 1992년 2월 외무부 장관 특별보좌관, 1992년 9월 주미 공사를 역임했다.

　김영삼 정부 시절, 반기문은 1994년 제1차 북한 핵위기 때 주미 대사관 정무공사로 재직하면서 한국과 미국 사이의 대북정책을 조율하는 실무총책을 맡았으며 그해 10월 북미 제네바 기본합의 체결에 기여했다. 1995년 2월 외무부 외교정책실장과 외무부 차관보를 지내고, 1996년 11월에는 외교안보수석을 맡았다. 1997년 2월 황장엽 전 조선노동당 비서가 베이징 한국총영사관에 망명신청을 했을 때, 중국 정부의 입장을 고려해 제3국인 필리핀을 경유하여 한국으로 망명할 수 있도록 필리핀 피델 라모스 대통령에게 김영삼 대통령의 친서를 전달하고 황장엽의 한국행을 위한 담판을 지은 밀사로서 활약하였다.

　김대중 정부 시절, 반기문은 2000년 1월 외교통상부 차관을 지내다가 2001년에 물러났다. 나중에 언급하겠지만 러시아와 체결한 미사일협정에 따른 미국의 강력한 항의에 책임을 져야 했다. 반기문에게는 억울한 면이 없지는 않으나 국익을 위해서는 어쩔 수 없는 행위였고, 애석하게도 개인에게는 불명예 퇴진이었다. 그러나 4개월 뒤인 2001년 9월 한승수 유엔 총회 의장의 권면으로 9년여 동안 차관급 공무원이었던 그가 국장급인 제56차 유엔 총회 의장 비서실장직을 수락한다. 2002년 외교통상부 유엔본부 대사를 맡았다. 그 와중에 9·11테러가 발생하자 그와 관련된 유엔 차원의 테러리즘 대응조치 및 이견 조율 업무를 수행하는 등 국제 경험을 쌓았다.

노무현 정부 시절인 2003년 2월 참여정부가 출범하자 미국을 잘 아는 외교관이 필요했던 노무현 대통령은 반기문을 청와대 외교안보보좌관으로 임명하였다. 같은 달 미국의 신용평가기관인 무디스가 노무현 정부의 반미적 입장과 조선민주주의인민공화국의 핵 문제를 문제 삼아 대한민국의 국가신용등급 전망(Outlook)을 '긍정적(Positive)'에서 '부정적(Negative)'으로 낮추자, 노무현은 반기문을 비롯한 3인의 대표단을 무디스, 피치, 스탠더드앤드푸어스 등의 신용평가기관에 급파하여 진화에 나섰다. 반기문의 대표단은 뉴욕의 무디스와 스탠더드앤드푸어스 본사, 홍콩의 피치 사무국을 방문해 한국의 신용등급을 내리지 말아달라고 하여 시간을 벌 수 있었고, 이후 노무현이 방미하여 의도적으로 친미적인 발언을 쏟아내자 무디스는 신용등급 전망만 낮춘 채 실질적인 신용등급 하향 조치는 취하지 않았다. 반기문은 2004년 1월 외교통상부 장관으로 취임하여 2006년 11월까지 장관직을 수행하였다. 외무공무원으로서는 화려한 입신의 길을 걸어온 것이다.

이제 공직 생활 중 정책과 관련된 소신적 행동을 살펴보자. 주변국과의 영토 분쟁 관련 입장에서 반기문 장관은 2004년 국정감사에서 1909년 청나라와 일본 간에 체결된 간도협약이 무효라는 견해를 밝혔다.

2005년 반기문 장관은 독도 문제나 역사 문제에 대해 일본 정치인들은 한국인의 감정을 자극하는 발언을 자제하라고 촉구했다. "독도 문제는 우리 국토와 주권 문제와 관련돼 있고 한일관계보다 상위개념이다. 시마네현 영토 편입 조치는 우리가 외교권을 거의 박탈당한 상태에서 이뤄진 불법적인 조치였기 때문에 국제법적으로 효력이 없는 것이다"라고 말했다.

참여정부 시절 대북정책에서는 청와대와 일부분 대립하기도 했다. 보수적인 대북관을 가지고 있던 반기문은 대북 유화정책을 추구하던 노무현 당시 대통령, 참여정부 각료들과 자주 마찰을 빚었다. 2004년 7월 반기문은 국가안전보장회의(NSC)의 결정을 무시하고 베트남에 모여 있던 400여 명의 탈북자를 공개적으로 일거에 한국으로 입국시켜 대북관계를 경색시키고 대통령과 대립하였다.

2005년 3월 미국이 기존의 정전협정 체제를 평화협정 체제로 바꾸자는 조선민주주의인민공화국의 주장을 심도 있게 검토하고 이를 대한민국 측에 제안했으나 반기문은 이를 유엔사를 해체하고 주한미군을 철수시키려는 조선민주주의인민공화국의 기만전

술이라고 판단하여 노무현 대통령에게 보고조차 하지 않았고, 나중에 콘돌리자 라이스 당시 미국 국무장관에게 이 사실을 확인한 노 대통령은 반기문을 크게 질책하였다.

반기문은 이후에도 북한의 주장에 동조하는 청와대의 한반도 평화협정 체제 구상에 계속 집요하게 반대했다. 반기문은 2005년 8월 미국 워싱턴을 방문하여 '선 6자회담, 후 평화협정' 방침을 강조하는 발언을 하였고, 이 때문에 정동영 당시 국가안전보장회의 상임위원장으로부터 그런 냉전적 시각으로 외교를 제대로 하겠냐는 질책을 듣기도 하였다. 청와대는 이같이 대북문제에 강경한 반기문을 견제하기 위해 2005년 9월 6자회담에서 조선민주주의인민공화국이 모든 핵무기를 파기하고 NPT와 IAEA로 복귀한다는 9·19공동성명이 타결될 때, 외교부에 박선원 당시 행정관을 파견하기도 하였다. 이후 2006년 7월 북한이 대포동 2호를 발사하고, 같은 해 10월 1차 핵실험을 감행하면서 9·19공동성명은 조선민주주의인민공화국의 기만전술로 드러나 공식적으로 파기되었다.

2006년 2월 14일 유엔 차기 사무총장 선거에 공식적으로 출마 선언을 하여 2006년 10월 14일 한국인으로서는 최초로 유엔 사무총장에 당선되었다. 그러나 그가 출마를 선언했을 당시 그의 당선을 예상한 외신은 그다지 많지 않았다. 반기문은 아시아에 돌아갈 차례였던 당시 사무총장직을 놓고 인도 출신의 샤시 타루

르와 경쟁하였다. 하지만 제8대 유엔 사무총장을 뽑는 1차 예비투표에서 그는 15개 유엔 안전보장이사회 회원국 중 13개국의 찬성을 받아 1위에 오르게 되고, 2차 투표에서 14표, 3차 투표에서 13표를 얻었다. 그리고 마지막 4차 투표에서 그는 7명의 후보를 제치고 안보리 15개 나라 중 14개 나라의 지지를 받아 제8대 유엔 사무총장에 당선되었다. 특히 선거가 진행되는 동안 중동, 아프리카 국가의 그에 대한 지지는 대단하였으나, 10월 2일의 최종 비공식 설문조사까지 일본은 기권표를 던졌다가 논란을 피하기 위해 찬성으로 방향을 바꾸었다.

〈위키백과〉에 소개된, 유엔 사무총장 임기 중 있었던 그의 행보를 좀 더 살펴보자.

첫 번째 임기(2007~2011)

2007년 1월 1일 반기문이 유엔 사무총장으로 취임하자 영국의 〈이코노미스트〉는 그에게 직면한 주요 문제로 이란과 조선민주주의인민공화국의 핵 문제, 다르푸르 분쟁의 유혈사태, 끊임없는 중동의 분쟁, 환경 재앙, 급증하는 국제 테러리즘, 대량살상무기의 확산, 에이즈의 만연, 그리고 유엔 내부의 개혁 필요성을 언급하였다. 반기문은 탄자니아의 외무장관 아샤 로즈 미

반기문 유엔 사무총장 취임식

기로를 유엔 사무부총장으로 지명하고 유엔 사무국 내각(Senior Management Group)을 구성하였다.

2007년 2월 6일 유엔 총회장에서 192개 회원국 대표가 참석한 가운데 열린 비공개회의에서 반기문은 비대해진 유엔 평화유지활동국(DPKO)을 업무별로 2개 부서로 분리하고 군축 부서를 사무총장 직속에 두는 내용을 골자로 한 유엔 평화유지활동 개혁방안을 발표했다. 또 기구 개편안에 대한 회원국들의 지지를 촉구했다.

반기문의 대표적 정책으로 지구온난화 대한 정책이 있다. 반기문은 임기 초반에 지구온난화를 주요 문제로 인식하였다. 2007년 3월 1일 온실가스 감축을 위해 조지 W. 부시 미국 대통령을 백악관에서 만난 자리에서 반기문은 "과거 냉전이 절정에 달했던 시기 우리 세대에는 핵겨울이 가장 큰 위협이었으나, 지금 인류에 그와 비견될 정도로 위협이 되는 것은 기후변화다"라고 지구온난화 문제 해결을 위한 노력을 강조하였다. 2009년 9월 3일 스위스 제네바에서 열린 세계기후회의에서 "우리의 발은 가속 페달을 밟고 있고, 우리는 나락을 향해 가고 있다"라며 기후변화 문제에 대한 범국가적 협력을 거듭 촉구하였다.

반기문은 또한 종교 분쟁과 민족 분쟁이 끊이지 않는 수단 다르푸르 분쟁을 해결했다. 2007년 1월 반기문은 에티오피아 아디스아바바에서 열린 아프리카연합 정상회의로 처음 외부 순방을

장병들과 파이팅하는 반기문 사무총장

하였다. 반기문은 수단의 다르푸르 분쟁 해결이 그의 임기 중 최우선 목표 중 하나라는 것을 천명하고, 수단 대통령 오마르 알바시르를 만나 분쟁 지역에 유엔 평화유지군이 들어갈 수 있도록 하였다. 이는 수단 정부의 지속적인 반대로 지지부진했던 국제사회의 개입이 비로소 성사된 것으로, 다르푸르 분쟁 상황 해결의 중요한 돌파구가 되었다. 2007년 7월 31일 유엔 안전보장이사회는 유엔 평화유지군 병력 2만 6,000명이 아프리카연합군과 합세해 분쟁 지역으로 진입하는 것을 승인하였고, 해당 지역에서 유엔 평화유지군의 활동은 2007년 10월 시작되었다.

두 번째 임기(2012~2016)

2011년 6월 21일, 반기문은 인류 평화를 위해 노력한 점을 인정받아 이례적으로 15개 상임·비상임 이사국과 유엔 전 회원국을 대표하는 5개 지역그룹 의장의 연임 추천을 받아 유엔 총회에서 192개국 회원국 만장일치로 유엔 사무총장에 재선되었다. 연임에 성공한 반기문은 자신의 다음 파트너로 스웨덴의 외교관 얀 엘리아손을 유엔 사무부총장으로 임명하여 내각을 재구성하였다. 두 번째 임기 중에는 중동의 평화 문제와 소수자들의 평등과 인권 문제를 강조하였다.

반기문은 2012년 11월 사우디아라비아 압둘라 국왕이 주최한

카이시드(KAICIID) 빈 국제 종교포럼에 참석해 "사우디아라비아를 비롯한 아랍의 많은 나라가 변하고 있다. 아랍의 봄 이후 아랍 지도자들은 국민들의 목소리에 귀 기울이기 시작했다"라고 언급하며 2011년 초부터 진행된 리비아 내전과 아랍의 봄에 각별한 관심을 보이고 아랍의 변화에 긍정적인 입장을 표명하였다.

반기문은 또한 특별하게 성소수자 권리에 각별한 관심을 보였는데, 2012년 3월 7일 유엔 인권이사회에서 '때가 왔다'는 연설을 통해, 이사회가 호모포비아 반대와 LGBT(레즈비언·게이·양성애·성전환자) 권리 증진에 더 적극적으로 관심을 가져달라고 촉구하였다.

나중에 이 부문에 대해서도 또 다른 언급이 있겠지만 반기문은 동성애 옹호론자가 아니다. 동성애는 생육하고 번생해야 하는 인류의 기본 윤리에 어긋난다. 그러나 동성애자를 나와의 다름이라는 차별이 아닌 이해의 대상으로 관심을 가져야 하고, 보살펴야 할 정신적 아픔을 가진 사람으로 보는 것이다. 따라서 반기문의 성소수자의 권리 옹호는 동성애에 대한 일방적인 이해가 아니라 동성애자에 대한 보편적 인류애라고 해석해야 할 것이다. 보수적 시각을 가진 한국 내 기독교계 인사들에게 적절한 시기가 오면 성소수자들에 대한 생각을 밝힐 것으로 보인다.

2014년 9월 반기문은 뉴욕에서 열린 기후변화행진(People's Climate March)에 참가하여 기후변화에 대한 대책을 촉구하는

파리 기후협정 타결

시민운동에 동참하였다. 이어서 2015년 프랑스 파리에서 열린 유엔 기후변화회의를 준비하기 위해 세계 지도자들을 유엔 기후정상회의(UN Climate Summit)에 불러 모았다.

파리 유엔 기후변화회의에서 반기문은 주관자로서 역사적인 파리협정을 이끌어내는 데 기여하였다. 미국 등 주요국이 빠지고 연장에 실패한 교토의정서와 달리 파리협정은 2015년 12월 12일 195개국이 채택하여 2016년 11월 4일부터 포괄적으로 적용되는 국제법으로서 효력이 발효되었다. 기후변화회의의 주최국인 프랑스 외무장관 로랑 파비우스는 '야심차고 균형 잡힌' 이 계획은 지구온난화에서 '역사적 전환점'이라고 하였다.

러시아와 우크라이나 분쟁이 심화된 2016년 6월 26일 러시아 상트페테르부르크에서 한 연설에서 반기문은 러시아가 우크라이나 분쟁, 시리아 내전, 인권 보호, 대량살상무기 확산 저지 등 국제 문제에서 중요한 역할을 수행해야 한다고 역설하였다.

이상 〈위키백과〉를 중심으로 반기문이 공직 생활을 통해 대표적으로 행해온 일들을 간략하게 살펴보았다.

분쟁 지역 당사자들과의 이해와 소통, 그리고 나름대로 자신의 소신을 피력해온 10년이라 생각된다. 또한 외무부 장관 시절 대북·대미 정책에서는 노무현 대통령과 각을 세울 만큼 자신의 소신을 꺾지 않았고, 유엔 사무총장으로 재임할 때는 기후문제와 관련한 일에 일관된 정책과 성소수자 및 여성, 어린이 등 약자의 인권을 대변하는 일에 일관된 정책을 유지했다.

그의 삶을 양손으로 꽉 짜서 몇 마디 말로 표현한다면, 그는 소통 전문가다. 그렇기 때문에 여러 정파로 분열되고 촛불과 맞불로 분열된 지금의 대한민국에는 돌파형 지도자도, 관리형 지도자도 아닌 국민과 눈높이를 맞출 수 있는 소통형 지도자 반기문이 필요한 것이다. 상대방의 이야기를 끝까지 경청하고, 상대방 입장에서 사건과 사태를 생각하는 이해의 안목이 군사독재로 수십 년간 고생해온 미얀마의 불가능을 가능하게 하는 민주화를 이끌어냈다는 사실은 전 세계가 알고 있지 않은가! 아웅산 수치 여사를 비롯한 미얀마의 지도자들은 그 고마움으로 반기문 총장을 초청, 외국인으로는 최초로 국회 연설을 부탁하지 않았던가! 이것이 부드러운 카리스마가 가지고 있는 소통의 힘이다.

반기문-아웅산 수치 네피도서 회동

04

반기문의 콘텐츠는 무엇인가

 글로벌화된 하나의 세상 속에서 살고 있는 우리 청년들에게 어떤 지도자가 새로운 비전을 제시하고 희망을 심어줄 수 있을까?
 반기문은 흙수저 출신이다. 충청도 촌놈이다. 반기문은 어린 시절 요즘 청소년들 사이에 인기가 있는, 한 가지 일에 과도하게 열광하는 사람, 즉 '덕후'였다. 국민학교(지금의 초등학교) 시절, 무엇이든 닥치는 대로 외우는 암기왕이었고 교내에서 주산왕이 된 것도 바로 이런 덕후 기질 덕분이다. 중학교에 진학해서는 영어에 빠져 영어 덕후가 되는데, 자나깨나 영어를 외우고, 영어로 듣고, 영어를 배우기 위해서라면 외국인 신부를 만나기 위해 30리 길도 마다하지 않고 왕복했다. 요즘 청소년들이 게임, 피규어,

코스프레, 연예인의 덕후가 되듯이, 반기문도 자신이 좋아하는 일을 발견하고 그 일에 열정적인 덕후가 된 것이다.

영어에 대한 열정이 커져 케네디 대통령을 만났고, 그 결과 외교관이라는 직업으로까지 이어져 마침내 세계 대통령 유엔 사무총장에 오르게 되었다. 그것도 연임에 성공하여 10년 동안 전 세계 대통령으로서 피부 색깔이 다르고, 언어가 다르고, 문화가 다른 수많은 민족과 국가 간의 이해와 갈등을 현장 중재자로서 임무를 충실하게 수행했다. 정말이지 단순하고, 지속적이고, 꾸준했던 작은 열정이 오늘의 반기문을 만든 것이다. 자신이 좋아하는 일을 직업으로 승화하고, 그 일에서 타의 추종을 불허하는 전문가가 된다는 점에서 반기문은 대한민국의 청년들과 공통점을 가지고 있다. 이제 반기문은 건강한 보수의 대결집 이외에도 유능한 진보와 공통점을 찾아야 하며, 갈망하는 스마트 유권자 청년들과 대화하는 데 주력해야만 한다.

이제 더는 외교전문가라는 특징이 반기문의 매력이 될 수 없다. 그렇다면 반기문이라는 인물은 어떤 또 다른 장점을 가지고 있는가? 있다면 무엇인가? 반기문의 콘텐츠는 한마디로 무엇인가? 그것은 바로 안정감이다.

40여 년 외교관 생활로 얻은 노하우, 수백여 명의 국제 정상과 면담하고 수천 번이 넘는 국제 협상을 통해 부드러운 카리스마로 국익과 세계평화를 대변해온 소통 능력이 반기문만의 강력한

고등학생들과 파이팅을 외치는 반기문

콘텐츠다. 소통의 부재로 시민들이 촛불과 맞불을 들고 광장으로 나왔다. 촛불 1,000만, 맞불 300만. 깨끗한 보수와 유능한 진보를 아우를 수 있는 유일한 방법은 안정감을 근간으로 소통하는 것이다.

    대한민국 건국 이래, 아니 한반도에 사람이 살고 난 뒤 전 세계 사람들에게 가장 높은 인지도를 형성하고 있는 한국인은 바로 반기문 전 유엔 사무총장이다. 그만큼 반기문은 외교적으로 상품성이 있고 능력이 있다. 혹자는 촛불 정국에 따라 관리형 지도자보다 돌파형 지도자가 더 필요한 시국이라고 한다. 하지만 이것은 어불성설이다. 돌파 또는 관리만 중요하겠는가. 지금이야말로 돌파와 관리를 아우르는 인물이 필요하다. 이것이 글로벌한 경험이 축적된 반기문만의 새로운 외침이 혼란에 빠진 대한민국에 필요한 이유다.

05

반기문, 청년과 소통할 수 있는가

최근 〈중앙일보〉 기사를 보면, 광장의 촛불과 맞불 시위로 20대가 정치적 동면에서 깨어나고 있다고 한다. 입시지옥과 취업전쟁에 시달리면서 한동안 현실정치에 무관심했던 20대(1987~1997년생)가 지난해 촛불 정국과 대통령 탄핵소추 사태를 거치면서 정치의 한복판으로 진입하기 시작한 것이다.

신년 여론조사에 따르면(2016년 12월 28~30일 실시) '조기대선이 열리면 투표할 생각입니까'라는 질문에 20대의 92.2%가 '투표하겠다'(반드시 투표 74.3%, 가급적 투표 17.9%)고 답변했다. 역대 대선마다 투표율이 가장 높은 연령층이었던 50대(82.3%)와 60세 이상(84.1%)의 투표 의향을 훌쩍 뛰어넘은 것이다.

이러한 현상은 촛불집회에 순수하게 놀이하듯, 파티하듯, 집회를 즐기듯 두드러지게 참여한 청년 세력만 보아도 확연하게 증명된다.

2012년 18대 대선 당시 20대의 투표율은 69.0%(19세 포함, 약 509만 명)였다. 2016년 4·13총선 당시 20대 유권자 수(738만여 명)에 〈중앙일보〉 여론조사에서 나타난 예상 투표율(92.2%)을 적용하면 최대 681만 명이 투표장으로 나갈 것이라는 추산이 나온다. '반드시 투표하겠다'는 적극 투표 의향자(74.3%)를 대상으로 같은 계산을 하면 548만 명이 나온다.

이는 50·60대보다 10%P 안팎 높은 수치로, 지난 대선에 69%인 509만 명이 투표했으니 이번엔 172만 명이 늘어날 수도 있다.

청년들은 '탄핵'을 거치며 정치 한복판으로 나왔고, '깨끗한 리더십 골라 찍을 것' 의견이 대다수였다. 양자 대결 구도로 치러진 18대 대선에서 박근혜 후보와 문재인 후보 간의 표차는 108만 표였다. 2012년보다 20대 투표자가 172만 명 늘어난다면 '대통령의 얼굴'을 바꿀 수도 있는 숫자다.

물론 실제 투표율은 예상 투표율보다 낮을 수 있다. 하지만 20대의 심상찮은 움직임은 이미 지난해 총선에서 조짐을 드러냈다. 총선 당시 20대 투표율은 52.7%였다. 2008년 총선(18대) 28.1%, 2012년 총선(19대) 41.5%와 비교했을 때 투표율이 비약적으로 높아진 것이다. 이들의 투표 참여로 정국은 29년 만에 여소야대로 바뀌었다.

1990년대의 20대는 IMF(국제통화기금) 사태의 직격탄을 맞으면서, 2000년대의 20대는 금융위기와 저성장시대를 맞이하면서 개인주의화했고 정치에는 무관심했지만, 최근 20대의 정치의식은 과거와 다른 양상을 보이고 있다.

2017년의 20대는 '마이크(mic) 세대'다. PC(컴퓨터·노트북)를 사용했던 30~40대와 달리 모바일(mobile) 세대, 손가락 혁명의 세대다. 이들은 또한 탄핵(impeachment) 세대다. 최순실 씨의 딸 정유라의 부정입학에 항의하는 이화여대생들의 시위부터 촛불집회까지 탄핵 정국의 중심에 20대가 있었다. 20대는 또 늘 온라인에 접속(connection)해 있다.

해학과 풍자로 속 시원히 말할 줄 아는 사이다(cider) 문화도 특징이다. 포스트잇으로 추모하고 촛불을 들어 탄핵의사를 밝히며, 자신의 의견을 '마이크'로 말하는 마이크 세대가 등장한 것이다.

이들의 눈높이에 반기문의 아이컨택(eye contact)이 필요하다. 흔히들 손가락 운동이라고 일컫는 핑거 무브먼트, 스마트폰을 이용한 인터넷과 SNS를 기반으로 하는 청년 세력에 관심을 가져야 한다. 이러한 현상은 이미 19대 총선에서 여소야대가 되는 것으로 민심의 움직임이 일정 부분 표출된 바 있다.

이렇듯 여소야대를 만든 20대 세력이 올 대선에서 투표할 의향이 5060세대의 투표율을 추월했다. 이제 청년들은 최순실 사태를 겪으며 정치에 관심을 가지기 시작했고, 개개인의 정치 참여

반기문, 청년들과 '김치찌개 토크'

가 세상을 바꿀 수 있다는 광장의 어젠다를 가지게 되었다. 2002년 한일월드컵 당시 전국을 붉은 악마로 뒤덮었듯이, 이제 스마트 유권자들은 일방적으로 나를 따르라 했던 과거의 독재적 'leader'가 아닌 우리, 대중, 바로, 지금, 여기, 내 이야기를 들어주는 'reader' 대통령을 원한다.

대학생 재능 포럼에서 대학생 1,000여 명은 수구가 아닌 진정한 보수를 위해서라도 꼭 투표할 것이고, 깨끗한 후보를 골라 찍을 것이라고 했다.

〈경향신문〉에서 보도했듯이 여기에 만약 지금 정치권에서 논의되고 있는, 선거 연령을 현행 19세에서 18세로 낮추는 작업이 속도를 내어 여야 합의로 결정된다면, 170여 만 표 플러스 알파라는, 당락을 좌우할 수 있는 새로운 청년 세력이 태동하게 된다. 그러면 당장 올 대선부터 18세도 시민권의 핵심인 참정권을 손에 쥘 가능성이 커진다. 고3 교실과 학원가의 대화에서도 선거가 중심에 세워지고, 청소년 정책과 공약이 총선거·지방선거·대통령선거에서 좀 더 구체적이고 경쟁적으로 제시될 토대가 만들어지는 셈이다.

집회에 참가했던 청소년들 역시 "시민들과 소통할 수 있는 지도자를 뽑겠다"라며 환영하는 목소리가 대세를 이루고 있다. 여야 합의로 1월 임시국회에서 공직선거법 개정이 논의된다면 새로 투표권을 얻게 될 '만 18세' 청소년은 60여 만 명이 될 것으로 추정된다.

선거 연령이 만 18세로 낮춰진다면 최소 170여 만 표였던 청년 세력의 표가 최대 250만 표로 늘어날 수도 있다. 그런데 10여 년 국내를 떠나 있던 반기문은 현실적인 국내 정치의 체감온도가 상대적으로 낮을 수 있고, 청년들의 눈높이를 간과할 수 있다. 따라서 SNS에 친숙한 스마트 유권자 세대가 주목할 만한 메시지와 소통 노력, 정책 공약 등을 내놓아야 할 것이다.

입시지옥을 통과해 어렵사리 대학생이 된 후 숨이 턱에 차오른 달리기를 멈추기도 전에 취직 시험을 준비해야 하는 대한민국의 젊은 대학생들. 이제 이들의 이 벅찬 달음박질을 누군가는 잠시라도 멈추게 해줘야 한다.

졸업과 동시에 취업에 성공하지 못하면, 취업준비생으로 학자금 융자의 빚을 짊어지고 졸업 몇 년 만에 신불자로 전락하는 청년들의 어두운 현실에 희망을 주어야 한다.

이 땅에서 선택받은 소수의 청년으로 살아남아 사랑하는 사람을 만나서 결혼하고, 아이를 낳아 기르며, 내 집을 마련해 살아가는 일. 과거에 당연시되었던 보통의 삶이 현재는 선택받은 청년만이 누릴 수 있는 최상의 꿈이 되어버렸다.

이제 반기문은 이런 상대적 불행 조건들로부터 잠시라도 숨통을 터주고, 장기적으로 살길을 마련해주는 지도자가 되어야 한다. 그러려면 유엔 사무총장이었던 반기문만의 확실한 어젠다가 필요하다. 기존의 정치꾼들에게서는 나올 수 없는, 창조적 발상에서 태동된 비전이 필요하다. 전 국민을 하나로 묶을 수 있는 강력하고도 매력적인 제안이 필요하다.

그 제안이 확실하다면, 그 제안에 우리 청년들의 미래를 담보할 수 있다면 청년들은 하나로 모일 것이다. 반기문의 제안에 모두의 고통과 노력과 땀이 소요되더라도, 마치 IMF를 이겨내기 위해 온 국민이 금 모으기 운동으로 단합된 민족의 역량을 보여줬듯이, 분열하고 분쟁하고 분노하는 국민들과 청년들에게 하나가 될 수 있는 반기문만의 콘텐츠를 제시해야 한다.

그래서 2017년 1월 12일 귀국한 뒤 전국 대학을 순회하며 그동안 유엔의 수장으로서 보고 듣고 겪고 판단하고 결과를 냈던 여러 가지를 청년들과 나누는 자리가 반드시 필요하다. 그 자리에서 자신만의 존재감과 전문성과 신념을 보여야 한다.

반가운 소식은 미국 대선에서 버니 샌더스 후보의 경제 참모를 지낸 컬럼비아대학교 교수이자 세계적인 경제전문가 제프리 삭스가 반기문의 경제정책을 자문한다고 한다. 반기문 전 사무총장은 귀국 전 삭스 교수와 대화에서 "국제경제, 한국의 경제위기나 한국사람, 젊은 세대가 느끼는 좌절, 어려움을 어떻게 해결할 수 있는지를 진단하고 의견을 교환했다"라고 말했다. 제프리 삭스 교수가 대한민국 경제를 객관적으로 진단하고 바라보며 대안과 해법을 조언한다면 반기문 대선 캠프에 새롭고 신선한 콘텐츠가 될 것이다.

2

반기문의
정신적 스승은 국민이다

01

반기문이 만난 스승

보통 드라마나 영화의 주인공에게는 반드시 정신적 스승이 있다. 남녀 간의 사랑을 그린 로맨틱 코미디에서는 주인공의 룸메이트나 친한 친구(베프) 혹은 직장이나 주변의 인물이 그 기능을 담당한다. 정신적 스승이 없는 로맨틱 코미디는 존재하지 않을 정도다. 성장기 드라마에는 말 그대로 주인공의 성장을 돕는 선생님이 존재한다.

세계적으로 흥행에 성공한 미국 영화 〈록키〉에서는 연인이자 아내인 에이드리언과 늙은 권투 코치가 있었고, 로맨틱 코미디의 명작 〈노팅힐〉에서는 헌책방을 운영하는 주인공 휴그랜트의 룸메이트가 그 역할을 한다. 이탈리아의 휴머니즘 명작 〈시네마 천

반기문 전 유엔 사무총장과 어머니 신현순 여사

국〉에서는 어린 토토에게 영화를 보여준 영사기 할아버지가 정신적 스승 역할을 한다. 또 다른 성장 영화의 백미 〈빌리 엘리어트〉에서는 영국 북부 탄광촌에서 발레리나를 꿈꾸는 소년 빌리 엘리어트에게 처음 발레를 가르쳐주고 왕립발레단에 오디션을 볼 수 있도록 해주는 여선생이 등장한다.

이렇듯 영화 속 영웅이나 주인공에게는 반드시 영향을 주는 정신적 스승이 등장한다. 그렇다면 우리의 인생살이는 어떤가? 우리 삶에도 그 삶의 높이가 크건 작건 간에 누구든, 어떤 사람이든 본인의 삶에 큰 영향을 준 정신적 스승이 존재한다.

반기문 역시 마찬가지다. 초등학교 시절 반기문은 성실하고 침착하며 유능한 학생이었다. 반기문의 어머니 신현순 여사는 장남인 반기문에게 "늘 겸손해라. 그리고 착하게 살아라"라는 말을 했다고 한다. 천성이 착했던 부모님이 영향을 받으며 성장한 반기문의 첫 번째 정신적 스승은 어머니 신현순 여사다.

《바보처럼 공부하고 천재처럼 꿈꿔라》에 따르면, 반기문에게는 그 밖에도 삶에 영향을 준 선생님이 서너 분 계시다. 먼저 학창시절의 김성태 선생님이다. 김성태 선생님은 대학 입시를 앞둔 반기문에게 미국 적십자사가 주관하는 미국 방문 프로그램 비스타(Visit of International Students To America, VISTA) 지원 시험에 응시하도록 정보와 기회를 제공했다. 반기문의 영어 실력을 믿어 의심치 않았던 김성태 선생님은 합격자 발표가 차일피일

미루어지자 혹시나 하는 마음에 서울로 올라와 문교부에까지 찾아가 반기문의 성적을 문의했다.

반기문의 영어 성적이 1등인 것을 확인한 김성태 선생님은 학교로 돌아가 교장선생님에게 이 사실을 알렸다. 그리고 만에 하나라도 반기문이 지방 학생이라는 이유로 미국 방문 프로그램에 참여하지 못할까봐 노심초사했다. 김성태 선생님은 또한 당시 충주비료공장에 근무하며 반기문에게 영어를 지도했던 외국인 기술고문관들에게 이런 사실을 알리고, 학교 선생님들을 동원해 청와대와 문교부에 진정서를 보내게 했다. 김성태 선생님의 지극한 정성 덕분에 가능성만 있던 청년 반기문은 미국 견문을 하게 되었고, 이를 계기로 신세계를 경험하고 전 세계 또래 학생들과 교류하며 외교관이라는 꿈을 구체화하게 되었다.

결국 이러한 경험을 토대로 반기문은 서울대학교 외교학과를 거쳐 1970년 제3회 외무고시에 합격했다. 외교관이 된 뒤에는 또 다른 정신적 스승 노신영 총리를 만났다. 노신영 총리와 인연을 맺게 된 과정은 다음과 같다.

반기문은 외교부 입부 연수를 마친 후 해외 근무지 중 인도를 지원했다. 시대적인 변화는 있지만, 외교부에서 1순위는 1970년이나 지금이나 미국과 관계된 일이다. 당시는 공산국가와 수교하지 않은 상태였기에 특히 외교의 1순위는 미국이었고, 2순위는 조총련과 민단이 극심하게 대립하던 일본이었다. 냉전체제하에서 한국은 군사·경제적인 면에서 미국 의존도가 높았다. 한 예로 미국이 기침하면 한국은 감기에 걸린다는 표현이 만연하던 시절이었다.

그래서 외교부 내에서도 미주국은 일도 많고 힘들지만 업무적 역량을 좀 더 많이 쌓을 수 있는 곳이자 출세할 수 있는 지름길로, 모든 외교관이 선망했다. 그러나 외무고시에 차석으로 합격해 외무연수원을 1등으로 마친 반기문은 모두의 예상을 깨고 미국을 지원하지 않고 인도를 지원했다.

그 이유는 가난한 집안의 장남이었기 때문이다. 당시 반기문의 집안에는 한창 공부해야 할 동생이 네 명씩이나 있었다. 반기문은 물가가 비싼 미국에 가서 생활하면, 집안에 보태줄 물질이 부족할 것이라 생각하고 영어권 나라 중 생활비가 가장 덜 드는 인도를 선택했다. 생활이 어려운 부모님에게 자신의 봉급을 아껴서 작은 집이라도 사드리고 동생들이 공부를 계속하게 하고 싶은 것이 반기문의 마음이었다. 당시 인도는 근무하기 열악하고 척박한 지역 중 하나였고 본국과 멀리 떨어져 있어 위험 근무지 특별수당이 지급되는 국가였다.

그렇게 외교관으로 처음 부임하게 된 인도에서 반기문은 일생에서 가장 큰 멘토가 되는 스승을 만나게 된다. 당시 인도에는 우리나라 총영사관이 있었는데, 이곳의 총영사가 바로 노신영이었다. 노신영은 배포와 냉철함이 겸비된 배짱 외교관으로 후에 제

18대 외무부 장관과 국무총리를 지내게 된다. 평안남도 실향민이었던 노신영은 군고구마 장사 등으로 어렵게 공부해서 서울대학교 법대에 수석 입학한 뒤 고등고시에서 수석 합격한 입지전적 인물이다. 노신영은 자신과 같이 자수성가한 반기문이, 단순하게 연수원 졸업 성적만 좋은 게 아니라 겸손함과 성실함까지 겸비한 사람임을 알게 되자 외교관으로서 자세와 마음가짐, 태도 등 외교 업무의 기초부터 모든 노하우를 가르쳐주었다.

이때 반기문은 노신영에게 외교관 업무 이전에 사람과 사람 사이에 가장 중요한 소통을 배우게 된다. 노신영은 편지와 전화의 중요성을 수시로 강조했다. 특히 전화에 대해서는, 전화란 누군가 자신의 사무실 문을 두드리는 것과 같으므로 정성껏 받아야 한다는 것과 상대방에서 답장하기 전에는 절대 편지를 치우지 말라는, 상대방을 존중하고 배려하는 십계명과도 같은 외교의 원칙을 가르쳤고, 반기문은 이러한 기본을 마음 깊이 새겼다.

일을 하다보면, 격무로 답장을 바로 하지 못하게 되는 일이 있는데, 이러다 보면 자칫 답장 자체를 못하게 되는 경우가 있으므로 늘 보이는 곳에 편지를 놔두어야 한다. 또 편지는 손으로 직접 쓰는 것이 원칙인 만큼 대량으로 인쇄해 보내는 편지에도 꼭 자필로 서명해야 한다. 이렇듯 반기문은 노신영에게서 기본에 충실하라고 배웠다. 스승인 노신영이 바로 기본에 충실한 사람이었기에 반기문의 외교관 롤 모델은 노신영이라고 해도 지나친 말이 아닐 것이다.

노신영은 초대 인도대사 시절부터 방글라데시와 아프가니스탄 등 여러 외교 현장에 반기문을 동행했고, 반기문은 이런 노신영의 기대에 성실과 근면으로 답했다. 기본이 충실하게 다져진 반기문은 외교관으로서 더욱 역량을 발휘하게 된다.

노신영이 반기문을 얼마나 총애했는지 살펴보자. 노신영은 제18대 국무총리로 취임하자 반기문을 의전비서관으로 승진시켰다. 그러나 의전비서관은 국무총리의 일정이나 접견 등을 준비하고 총괄하는 2급 이사관급 자리로, 당시 3급 부이사관이었던 반기문이 할 수 있는 업무가 아니었다. 외무고시 동기는 물론 선배 기수를 제친 파격적인 승진이었기에 보이지 않는 시기와 질투가 있을 수도 있었다.

반기문은 일주일 동안 선배와 동료 외교관 100여 명에게 일일이 손 편지를 썼는데, 선배들 보다 먼저 진급하게 되어 송구하다는 내용이었다. 굳이 그렇게 하지 않아도 되는데 겸손하게 처신하는 반기문의 글을 받아본 선배들은 다시 한번 반기문의 인품과 진정성에 감탄했다.

이후 반기문은 1996년 1월에 외교부 제1차관보, 2월에 차관급인 대통령 의전수석비서관으로 승진했다. 11월에 유종하 장관(26대, 1996~1998)은 반기문을 차관급인 대통령 외교안보수석비서관으로 임명했다. 1년 동안 세 차례나 승진한 것이다. 전후무후한

승진이 아닐 수 없었다. 실력을 겸비했지만 자신을 낮추는 겸손함이 불가능을 가능케 한 것이다.

반기문을 접했던 동료와 선후배들은 반기문이 유세를 떨지 않고 자신을 낮출 줄 알았으며 상대에 대한 배려가 몸에 배어 있는 선비라고 말했다. 오죽 하면 외무고시 3기인 반기문은 기수에 상관없는 특기라 불리며 선후배 간 모두를 아우르는 유일한 인물이 되었을까! 노신영이란 정신적 스승을 통해 외교관으로서 기본을 배우고 깨우친 반기문은 이를 바탕을 외무부 장관이 되었고, 결국 유엔 사무총장 자리에까지 오르게 되었다.

반기문의 또 다른 정신적 스승으로는 동향의 정치인 김종필 전 총리가 있다. 구순을 바라보는 노 정객은 예방차 찾아오는 반기문에게 정치적인 덕담을 해주곤 했다. 김 전 총리는 반기문 총장에 대해 "어쨌든 세계정부에서 10년 동안 심부름한 사람 아닌가. 그런 사람이 해보겠다 하면 도와주는 것이 순리지"라며 "이쁘고 밉고가 아니야. 나라 장래를 위해서야"라고 말했다. 김 전 총리 역시 반기문이 삶으로 터득해온 지도력에 차기 대통령으로서 희망을 거는 것이다.

02

누가 새로운 보수인가

반기문에게 좋은 소리, 장점만 말해주는 사람은 어찌 보면 불필요할 수 있다. 진정한 정신적 스승은 약점을 들춰내 깨닫게 하고 보완하게 해주어야 한다. 또 선거라는 거대한 늪에 빠져 객관적인 시선을 갖추지 못한 후보에게는 좀 더 정확한 국민 정서를 전달해주어야 한다. 2017년 조기대선 정국에는 물리적으로 시간 여유가 없다.

유·불리를 따지기 전에 상대 후보에게도 시간은 동일한 조건이자 변수다. 그러기에 나를 지지하고 지원하는 세력은 물론이고, 나에게 비판적인 분들의 의견도 새겨들어야 한다. 즉, 각계각층의 조언을 보다 폭넓게 듣고 내 것으로 만들어야 한다.

세월호 참사, "미안하다."

다시 한번 말하지만, 차기 대통령은 촛불도 우리 국민이고 맞불도 우리 국민이라는 사실을 잊지 말아야 한다. 촛불과 맞불을 부드러운 카리스마로 아울러야만 한다. 촛불의 호소만을 득하거나 맞불의 지지만을 취해서는 하나가 되어도 시원치 않은 판에 국민 모두가 불행해진다. 따라서 대권주자들에게 냉정한 시선을 가지고 있으며 개헌을 차기 대통령의 몫이라고 말하는 윤여준 전 장관의 말을 주의 깊게 들어볼 필요가 있다.

2년 전 '세월호 참사' 때 우리는 물었다. "국가가 왜 존재하는가." 그 질문은 초유의 국정농단 사태 앞에서 "이게 나라냐"라는 자조로 바뀌었다. 참담한 역사의 퇴행은 정치권, 특히 보수를 요동치게 만들었다. 자식을 차가운 바닷속에 남겨두고 피울음을 토하는 부모에게 "지겹다. 그만하라"며 망각을 강요한 것도, 대통령의 헌정 유린으로 타오른 촛불을 두고 "바람 불면 꺼진다"라고 조롱한 것도 스스로 보수라 말하는 집단이었던 까닭이다.

윤여준 전 장관을 만났을 때 그는 "한국에 보수는 없었다"라고 단언했다. 현 상황도 보수가 아닌 '수구의 몰락'이라고 진단했다. "보수도 시대에 따라 변해야 하지만 한국의 보수는 그간 이를 무시해왔다. 자유민주주의의 이름으로 되레 자유민주주의를, 공공성과 법치주의를 파괴하고 권력을 사유화했다." 내가 나라의 주권자이며 내가 움직여야 국가 구조를 바꿀 수 있다는 '100만 촛불'의 각성으로 보수정권의 위기와 보수당의 분당까지 초래했지만, 어찌 보면 예정된 몰락이었다는 게 그의 진단이다.

여야를 넘나들어 대선주자들의 '멘토', '책사'로 통하는 윤 전 장관은 서류 가방에 세월호 참사를 기억하는 노란 리본을 달고 다닌다. 그는 "학생 250명이 한꺼번에 희생된 참사를 잊지 않기 위해서, 그리고 공직에 오래 몸담았던 사람으로서 이 참사가 던진 '국가란 무엇인가'라는 질문을 잊지 않기 위해서"라고 그 이유를 설명했다.

2016년의 의미에 대해서도 그는 "하나의 고비를 넘은 해였다. 4·19혁명과 5·18광주민주화운동 그리고 6·10민주항쟁에 이은 대규모 시민항쟁이 일어났다. 정치를 상품시장에 빗댄다면 소비자는 국민, 정당은 생산자인데 국민이 스스로 나서서 생산자 역할을 했다. 국가가 정상이 아니라는 문제의식을 갖고 국민이 주권을 행사해 정치를 이끌었다. 그런 점에서 2016년의 의미는 민주주의의 발전과 국가의 정상성(正常性) 모색으로 볼 수 있다"라고 진단했다.

윤여준 전 장관과 일문일답

– 기록적인 촛불 수에는 어떤 의미를 부여할 수 있을까?

"각성이다. 무슨 각성이냐. 첫째 '아, 내가 나라의 주인이네' 하는 각성이다. 당연한 얘기지만 평소에는 그런 자각을 하지 못하지 않나. 둘째는 '내가 움직이니 나라가 바뀌네' 하는 것이다. 또 하나는 '내 삶이 이렇게 피폐해진 게 구조의 문제네' 하는 각성이다. 광장에서 시민들이 국가를 구조적으로 바꾸라고 요구한 것도 그래서다. 100만 촛불은 이런 세 가지 각성을 통한 국민 '전체 의지'의 폭발이다. 그런 반면 '광장의 딜레마'도 있다. '광장 민주주의'는 민주주의 최후의 보루다. 어떻게 해도 안 될 때 마지막 수단으로 시민이 광장에 나와서 항쟁하는 것이다. 하지만 광장 민주주의가 일상화되면 위험하다. 모든 국정을 다 촛불로 해결할 수는 없는 것이다."

― 이런 사건들은 보수의 정체성 위기로 귀결됐는데, 보수란 과연 무엇인가?

"요즘 보수를 일컫는 말들이 홍수처럼 범람한다. 보수의 개념도 제2차 세계대전 이전과 이후가 다르다. 제2차 세계대전 이후에는 자유민주주의와 법치국가, 이 두 가치를 지키는 게 보수가 됐다. 그런데 보수라고 해서 정체성이 돌덩이처럼 굳어 있는 게 아니다. 영국 보수주의 아버지인 에드먼드 버크가 이런 말을 했다. '소나무가 늘 푸른 이유는 변하지 않아서가 아니라 잎을 끊임없이 바꾸기 때문이다.' 보수도 시대에 따라 끊임없이 변화해야 한다. 그런데 한국의 보수는 그간 이를 무시해왔다."

― 그래서 보수가 몰락한 건가?

"엄밀히 말하면 이건 보수의 몰락이 아니라 수구의 몰락이다. 송복 연세대학교 명예교수가 '한국 정치는 사이비 보수와 사이비 진보의 극한 대립'이라는 표현을 쓴 걸 봤는데, 정확한 진단이다. 그간 한국의 보수를 자처한 이들이 무얼 했나. 자유민주주의의 이름으로 자유민주주의를 탄압했다. 국가의 핵심이자 공동체를 묶어주는 가치는 공공성이다. 그런데 역시 자유민주주의라는 이름으로 공공성과 법치주의를 파괴했다. 그리고 권력을 사유화했다. 어떻게 보면 그 세력의 몰락이 너무 늦었다."

― 수구의 몰락이 결국 이명박·박근혜 정권의 업보란 얘기 같다.

"이명박 전 대통령이 재임 때 '나는 대한민국이라는 기업의 CEO'라는 말을 한 적이 있다. 국가와 기업을 동일시하고 대통령과 CEO를 같다고 생각한 것이다. 이 전 대통령의 머릿속에는 민주주의나 공화주의가 없었다. 우리가 국가와 기업의 차이를 인정하지 않는 인물을 대통령으로 두었던 것이다. 내가 박 대통령이 당 대표를 할 때부터 일관되게 비판했던 게 폐쇄적이고 수직적인, 즉 권위주의 리더십이었다. 10대 때 본 아버지(박정희) 모습을 모델로 생각했을 테니까. 혹시라도 대통령이 되면 시대와 충돌할 게 뻔해 개인도 나라도 불행해질 거라 생각했다. 그러나 국정수행 능력이 이 정도로 형편없으리라고는 생각하지 못했다."

― 새누리당에서 가칭 바른정당이 떨어져나왔는데 그들이 보수의 희망이 될 수 있는가?

"보수가 있었다는 전제가 있어야 성립될 수 있는 표현이다. 보수가 없었는데 무슨 개혁인가. 프랑스와 달리 영국에는 유혈혁명이 없었다. 왜일까? 영국의 보수는 국민이 열 가지를 요구하면 열두 가지를 들어줬다. 때로는 국민이 요구하기 전에 먼저 줬다. 20세기 초까지 끊임없이 그런 변화를 지속해 법제화를 이뤘다. 우리 보수 세력도 그런 노력이 필요하다. 신당이 그 견인차 역할을 하지 못한다면 그 당도, 한국의 보수도 미래가 없을 것이다. 어떻게 실천할지가 중요하다. 어떤 희생이 있어도 실천하겠다는 굳은 각오가 있어야 한다. 그래야 국민의 신뢰를 얻을 수 있을 것이다. 과거 한나라당, 새누리당의 쇄신파도 청와대에서 한마디 하면 쑥 들어가버리는 행태를 보이지 않았나."

― 진보 쪽은 어떤가?

"보통 우리가 민주화 운동 세력을 진보라고 하는데 그들 역시 권력을 잡은 이후 바로 수구화하고 기득권화했다. 그러니 민주화 세력의 도덕성도 국민이 인정하지 않는 것이다. 진정한 진보적 가치를 추구한 게 아니다. 그러니 나라가 멍들 수밖에. 김대중 정부를 진보 정권이라고 생각하지 않지만 김대중·노무현 정부 10년을 본다면, 그 기간 한국 정치가 달라진 게 뭔가. 결국 권력을 잡고 안 잡고에 따라 여(與)와 야(野)로 갈릴 뿐 본질적으로 같은 세력이란 걸 의미한다."

― 그럼 진보 세력은 어떻게 바뀌어야 하나?

"늘 진보의 가치로 보수에 도전하고, 보수는 또 진보의 도전을 받아서 자기를 바꿔나가야 한다. 그렇게 보수와 진보가 서로 경쟁해야 한다. 보수 정권이 10년을 집권하면 모순이 쌓인다. 그러면 진보적 가치로 정권을 바꾸고 모순을 해결해야 한다. 진보 정권도 마찬가지다. 모순 없는 권력은 없으니까. 진보와 보수가 그렇게 서로 자극이 돼야 국가가 발전한다. 그런데 우리 진보와 보수는 서로 원수로 생각하니 그것이 문제다. 경쟁이 아니라 투쟁을 해왔다."

― 진보의 가치는 무엇인가?

"제2차 세계대전 직후 유럽의 진보는 노동자의 권익을 대변했다. 그러나 1960년대에 들어서는 모든 계층으로 확대됐다. 보수와 진보가 그래서 1960년대 이후 중간 지대에서 만나게 된다. 결론적으로 일정한 시점에 국가에 유익한 가치를 선택하는 게 정치다. 따라서 지금 대한민국에 필요한 가치를 선택하면 된다. 우리나라에서 산업화 시대에도 노동의 역할이 아주 컸는데 그 시기를 평가하면서 박정희 리더십이나 경제관료의 헌신만 얘기하지 노동의 가치를 거론하는 이들은 거의 없다. 이건 잘못이다."

― *구체제를 청산하려면 개헌이 답이라는 주장도 있다.*

"1987년에는 대통령 직선제로 바꾸라는 합의가 있었다. 서울 시청 광장을 꽉 메운 시민의 요구가 대통령 직선제 하나였다. 최소 강령에 따른 최대 동원이었던 거다. 그런데 지금은 최소 강령 없이 최대 동원이 이뤄졌다. 대통령 하야는 헌법을 고치라는 요구가 아니다. 개헌을 한다면 어떤 걸 어떻게 고칠지 합의도 안 돼 있으니 간단치 않은 문제다. 정치권의 대선 전 개헌 주장도 국민 상당수는 세력 재편의 수단으로 이용하려 한다고 생각할 것이다. 그러면 더 동의하기가 쉽지 않다. 후보들이 취임 뒤 개헌 구상을 밝히고 국민의 동의를 받는 과정이 필요할 것이다."

― *예상되는 조기대선에서 가장 절실한 것은 무엇인가?*

"대선 후보의 자질을 더욱 철저하게 검증하는 시스템을 만들어야 한다. 현재 각 정당이나 언론 주최의 후보 간 토론회 정도로는 제대로 인물을 가려낼 수 없다. 박 대통령도 그런 검증을 거쳤지만, 국정수행 능력이 이 정도인지는 알 수 없었다. 국민과 시민사회가 참여해 광범위하고 철저하게 검증해서 이미지만 갖고 대통령을 뽑는 과오는 이제 없애야 한다."

— 대통령 당선자에게 바라는 게 있다면?

"다수 국민이 촛불을 들고 표출한 열망은 새 나라를 만들라는 것 아닌가. 누가 대통령이 되든 혼자 현재의 내우외환을 극복하기는 어려울 것이다. 자기 능력을 과신하지 말고 주변의 좋은 사람을 찾아 모아야 한다. 대통령이 정직하게 인재를 모으면 왜 인재가 없겠나. 안 써서 그렇지. 사적인 관계의 사람을 데려다 쓰는 '강부자(강남 부동산 부자)', '고소영(고려대·소망교회·영남)' 인사를 하니 MB정권 때는 인사가 망사였고, '수첩 인사'를 하니 현 정부 인사가 참사가 된 것 아닌가. 고위 공직은 국가와 국민을 위해서 국가 권력을 대신 행사하는 자리다. 철저하게 공적 기준에 따라 적재적소의 원칙을 지켜야 한다."

윤여준 전 장관은 공식적인 자리에서 모든 대선 후보들을 혹평했다. 반기문에게도 직업 외교관의 한계성을 말하며 현실 정치는 외교 행정과는 다르다고 선을 그었다. 비록 그가 공식, 비공식적인 자리에게 반기문을 평가절하 했다 하더라도 앞서 언급한 그의 이야기들은 귀담아들을 필요가 있다.

03

국민이 스승이다

　반기문에게는 서너 명의 정신적 스승이 있었고 원로 멘토 그룹도 존재한다. 또한 전문성을 겸비한 각 분야의 참모진으로 대선 캠프가 만들어질 것이다. 반기문의 지나온 삶을 살펴보면, 정신적 스승들의 조언을 때와 시기에 적절하게 자기 것으로 승화해 오늘까지 이어왔다. 이제 반기문의 마지막 정신적 스승은 바로 국민이어야 한다.

　부패한 보수를 수술하고, 미성숙한 진보를 치유해야 한다. 대한민국의 거대한 부패와 적폐를 수술해야만 한다. 그러려면 아플 것이다. 통증이 심할 것이다. 때로는 움직이지 못할지도 모르고 수혈이 필요할지도 모른다. 하지만 반드시 이 적폐와 부패를 수

술하는 데 성공해야만 한다. 지금 대한민국은 혼수상태이고 수술 중이다. 그러나 위대한 나라 대한민국은 이 시간을 통해 새롭게 성장할 것이다. 우린 지금 너무나도 뼈아픈 성장통을 앓고 있다.

3

반기문의 첫 관문 통과, 누구와 할 것인가

01

반기문이 통과한 첫 관문

영화와 드라마의 주인공은 일상생활에서 자신이 처한 환경을 관객에게 보여준다. 직업적으로 무슨 일을 하는 사람인지, 환경적으로 가족 관계는 어떠한지, 개인적으로 혼자 있을 때는 어떤 일을 하는지, 그리고 화면 속에서 드러나는 주인공의 언행 뒤에 감춰진 내면을 통해 주인공의 목표가 무엇인지를 공감하게 한다. 그리고 난 뒤 주인공은 그 목표를 위해 달려나간다. 이후부터 관객은 주인공과 동일시되기 시작하고, 주인공의 꿈이 내 꿈인 것처럼 주인공의 이야기가 마무리될 때까지 함께한다. 이런 주인공 앞에 으레 첫 관문 통과라는 과제가 다가온다.

과거의 정치 지도자들은 우매한 국민을 계도하고 가르치며 이끌어야 한다고 생각했다. 내가 아니면 안 된다는 제왕적 지도자의 독재가 국가를 이끌었던 시절도 있다. 하지만 2017년 대한민국의 시민 수준은 전 세계 그 어떤 선진국의 시민 수준보다 높다. 외국 언론들은 비선실세 최순실의 국정농단을 외신으로 타전하며 '한국 대통령의 샤머니즘 스캔들'이라고 비아냥거렸다.

국제적 조롱거리로 전락했던 우리의 정치가 질서정연하고 비폭력적인 촛불과 맞불 집회의 시민정신으로 다시 한번 전 세계의 주목을 받고 있다. 이미 1,000만 명을 넘긴 촛불과 맞불 집회의 평화로운 대립과 시위를 보고, 외국의 유수 언론들은 마치 아름다운 축제를 연상케 하는 진정한 민주주의 참모습이라며 극찬을 아까지 않았다. 대한민국의 민주주의는 나와 생각이 다른 당신의 외침을 위해, 나와 반대되는 당신의 의견조차 존중될 만큼 성숙해졌다. 또한 시민의 한 사람이었던 나의 참여가 올바른 의견을 만들어내고, 그 의견이 나라를 바꾸는 데 기여한다. 이번 촛불·맞불 집회를 통해 내가 중심이 된 시민사회의 지성이 새롭게 구축되었다. 이제 정치인 반기문이 통과해야 하는 첫 관문을 본격적으로 이야기하기 전에 그가 통과해왔던 학창시절의 첫 관문들을 살펴보자.

전학생이라는 불리한 환경

반기문은 유년시절 전학을 가게 된 충주교현초등학교에서 친구들에게 놀림을 당하게 된다. 전학생에 대한 일종의 텃세였다. 아이들은 빼빼마른 몸매에, 코에 점이 있는 반기문을 파리똥이라고 부르며 놀렸다. 감수성이 여리고 예민한 아이들 세계에서 외모를 비하하는 놀림은 자칫 큰 상처가 될 수도 있었지만, 반기문은 이를 극복하고 며칠 이내에 모든 아이와 친구가 되었다. 그 비결은 집중력이 뛰어났던 반기문이 암기로 내기를 걸어 자신의 존재감을 극대화한 것이다.

그 후 뛰어난 암기력을 바탕으로 학업에 자신감이 생긴 반기문은 아이들의 부탁으로 방과 후에는 친구들이 모르는 것을 아이들 눈높이에 맞춰 가르쳤다. 그래서 친구들은 반기문의 별명을 반선생이라고 불렀다. 과연 반기문이 다른 아이들보다 머리가 좋아서일까? 반기문은 스스로 이해될 때까지 수십 번 이상 모르는 것을 읽고 또 읽었다. 그래서 결국 반기문은 학교의 주산왕까지 되었다.

가난했지만 포기하지 않은 꿈

중학교에 진학할 때 선생님이 반기문의 집안 형편이 어려운 것을 알고 교사가 될 수 있는 사범중학교로 진학하라고 권했지만 반기문은 이를 거절하고 인문계로 가서 꿈을 펼치고 싶다고 했다.

반기문은 중학교에 입학하고 난 뒤에는 영어에 더욱 심취했다. 충주고등학교에 진학해서는 더욱 영어에 매진하게 되는데, 이를 알게 된 영어선생님이 반기문에게 영어 리스닝 교재를 만드는 일을 맡겼다. 교내 방송반의 녹음기를 반기문에게 주며 당시 충주비료공장에서 근무하던 외국인 기술 고문관과 근로자들에게서 원어민 영어 발음을 녹음해오라는 임무를 준 것이다. 신이 난 반기문은 학교와 집에서 몇십 리 떨어져 있는 충주비료공장의 외국인 기술고문관 관사를 찾아다니며 영어교재를 녹음하기 시작했다. 이런 반기문의 열정에 탄복한 근로자 중 한 사람은 반기문을 자기 집으로 초대해 자신의 아내와 함께 직접 녹음을 해주기도 했다. 또 성당에 미국인 신부가 부임하자 반기문은 영어 발음을 제대로 배우고자 일요일은 물론이고 방과 후에도 신부를 찾아가 영어를 배웠다.

새로운 세계 미국 통과

고등학교 2학년, 남들이 입시를 준비할 때 반기문은 미국에 한 번 가봐야겠다고 결심했다. 그리고 열심히 공부한 결과 국제 적십자사 미국 방문 프로그램에 선발되어 3학년 때 한 달 동안 미국을 방문했다.

외교관으로 첫 임지 통과

초임 외교관 시절, 연수 성적이 뛰어나서 희망하면 갈 수 있었는데도, 남들은 가고 싶어 안달하던 미국을 근무지로 지원하지 않고 부모님과 동생들을 부양하기 위해 인도 근무를 지원했다. 하지만 이때 쌓은 수많은 경험이 반기문에게 더 큰 성장을 가져다주었다.

2007년 유엔 사무총장 결선투표 통과

2005년 대한민국 정부는 차기 유엔 사무총장에 한국인을 당선시키려는 계획을 세웠다. 그래서 반기문 이전에 몇몇 인사가 유엔 사무총장 후보로 준비했으나 여러 가지 이유로 거취를 정하지 못했다. 한국 정부가 한국인 유엔 사무총장을 배출하려는 이유 중 하나는 북한 핵 문제를 비롯한 한반도 여러 상황과 국익 차원에서 한국인 유엔 사무총장이 필요했기 때문이다. 반기문은 30년이 넘는 외교관 생활에 유엔 실무 경험 등 국제사회에서 잘 알려진 인사였고, 현직 외교부 장관까지 하고 있어 모든 면에서 적합했다.

2006년 2월 14일, 반기문은 유엔 사무총장 후보 출마 선언을 했다.

"제가 오늘 차기 유엔 사무총장 후보로 나섰습니다. 유엔과 함께 수립된 대한민국 정부는 그동안 유엔이 추구하는 목표를 성취한 모범적인 국가로 발전해왔다고 생각합니다. 대한민국은 이제 신장된 국력과 국제사회의 지지에 힘입어 유엔에 기여하고자 합니다. 저는 유엔 사무총장 후보로 추천받은 것에 대해 겸허한 마음으로 받아들입니다. 앞으로 국민 여러분과 유엔 회원국을 비롯한 국제사회의 지지와 성원을 당부합니다."

 유엔 사무총장 선거에서는 본투표 전에 예비투표(비공식 투표)가 두 차례 있다. 스트로 폴(Straw Poll)방식으로 진행되는데, 스트로 폴은 모자 속에 넣어둔 지푸라기(Straw)를 하나씩 뽑아 결정하는 투표(Poll)방식 또는 지푸라기가 날아가는 것을 보고 바람의 방향을 알 수 있다고 해서 붙은 말이다.
 2006년 7월 제8대 유엔 사무총장을 뽑는 1차 예비투표가 실시됐다. 아무도 주목하지 않았던 대한민국 출신의 반기문 후보가 15개 유엔 안전보장이사회 회원국 중 13개 나라의 지지를 받았다. 반대가 1표, 기권이 1표 나왔다. 2위인 인도의 샤시 타루르 후보보다 2표가 앞섰다. 하지만 상임이사국의 반대표가 1표 나왔다. 어느 나라인지 몰라도, 단 1표라도 상임이사국이 반대하면 유엔 사무총장이 되지 못하는 것이 유엔의 규칙이다. 그래서 전임 코피아난 사무총장도 프랑스의 반대로 마지막까지 애를 먹었다.

선생님과 함께

반기문의 1차 투표 1위는 예비투표이긴 하나 대한민국을 흥분하게 했다.

2006년 9월 14일 2차 예비투표가 실시됐다. 1위 반기문은 찬성 14표, 반대 1표였다. 2위인 인도 출신의 샤시 타루르 유엔 사무차장은 찬성 10표, 반대 2표, 기권 3표였다. 그러나 이번에도 유엔 상임이사국 중 1개 국가에서 반대표가 나왔다. 만약 상임이사국이 반기문의 선임을 끝까지 반대한다면, 유엔 사무총장 선출은 요원한 일이었다.

세 번째 치러진 선거에서도 반기문은 찬성 13표, 반대 1표, 기권 1표로 여전히 1위였다. 반기문은 세 번 다 의결정족수를 넘은 유일한 후보였다.

네 번째 투표는 상임이사국과 비상임이사국이 투표용지를 구분해서 누가 반대하는지 알 수 있게 됐다. 10월 3일, 투표 시작 10분 후 그동안 반기문을 반대했던 상임이사국으로 의심받았던 일본이 투표 결과를 알려왔다. 찬성 14표, 기권 1표. 이번엔 상임이사국의 반대가 없는 압도적인 승리였다.

유엔 사무총장으로 선출된 반기문은 "유엔 안전보장이사회 상임이사국들의 신뢰와 지지에 크게 감사하고 개인적으로 영광으로 생각합니다. 앞으로 유엔 개혁문제를 포함해 국제사회의 평화와 인권보호에 많은 기여를 해야 하는 역할을 맡아 큰 책임감을 느낍니다. 변함없는 지지를 보내주신 국민에게 다시 한번 감사합니다"라고 소감을 피력했다.

반기문이 통과해온 첫 관문의 과정과 결과를 보면 하나같이 쉬웠던 일은 없었다. 그러나 그는 한번 결정하면 포기하지 않고 성실하게 노력하고, 결과에 연연하기보다는 과정에 충실했음을 알 수 있다. 그렇다면 반기문의 성공에는 남들이 가질 수 없는 천운이 매번 따랐던 것일까?

결단코 그렇지 않다. 반기문의 초등학교 시절을 보자. 자신의 단점을 알고 남들을 리드하기 위해 노력했다. 중학교 시절, 자기 자신을 믿었기에 소신을 굽히지 않고 인문계 진학이라는 승부수를 띄웠다. 고등학교 시절, 어쩌면 가난한 집안의 장남으로 대학 입시에 실패할지도 모른다는 부담감을 떨쳐버리고 과감하게 한 달 이상 걸리는 미국행을 결심해 뜻을 이뤄냈다. 그 미국행을 통해 더 넓은 세상을 본 것은 물론이고 케네디 대통령으로부터 사인을 받아낸 세 학생 중 한 명이 되었다.

백악관을 탐방해서 만난 케네디 대통령 앞으로 여학생들이 둘러서고, 남학생들은 뒷줄에 서게 된다. 학생들에게 질문하던 케네디 대통령이 한국에서 온 학생들을 찾았고, 반기문과 함께 간 학생들이 케네디 앞으로 나왔다. 케네디는 분단국가인 한국에 특별한 관심이 있었는지 반기문에게 꿈이 무엇이냐고 물었다. 반기문은 외교관이라고 답했다. 전 세계 42개국에서 초청된 비스타 프로그램의 동료들 앞에서 당당하게 자신의 꿈을 선포한 것이다.

외교관이 된 이후 30년 동안 공직생활을 한 끝에 외무부 장관이 됐고, 마침내 유엔 사무총장이 되고자 결심했다. 사무총장이 된 후 유엔을 개혁하고 국제 분쟁해결사로 10년을 달려왔다.

이제 반기문 전 유엔 사무총장은 제19대 대선후보로 정치인으로서 첫 관문 통과를 앞두고 있다. 73세 반기문에게 국민이 묻는다.

"당신의 마지막 꿈은 무엇입니까?"

이제 반기문이 답해야 한다.

"청년에게 희망을 주는 통일의 초석이 되는 대통령입니다!"

02
누구와 함께할 것인가

    2017년 1월 12일 귀국한 반기문이 어느 정당과 손을 잡느냐가 초미의 관심사다. 더불어민주당 문재인 전 대표가 야권의 대권주자인 만큼 반기문은 새누리당이나, 새누리당에서 양분된 바른정당, 안철수 전 대표가 있는 국민의당 또는 당분간 특정 정당에 소속되지 않은 채 제3지대에 머물면서 독자 행보를 하며 정국 흐름을 관망할 것이라는 관측이 지배적이다. 신당을 창당할 것이라는 예측도 있지만, 이는 지금 정국 흐름에서는 여러 가지로 부정적이다. 어떤 선택을 하든 반기문은 성실하게 자신만의 방법으로 이 난국을 수습해나갈 것이다.

    앞서 돌아본 삶을 보더라도 반기문은 자신만의 길을 소처럼 묵묵하게, 모나지 않게 걸어왔다. 아쉬운 점이 있다면, 국내에 기반을 두고 대선에 출마한 다른 후보자들에 비해 상대적으로 조직력을 극대화할 물리적 시간이 부족하다는 점이다. 또한 헌재의 탄핵 결정이 모두의 예측대로 4월이 아닌 2월에 조기 결정될 수도 있고, 박근혜 대통령과 법정 공방으로 4월 이후가 될 수도 있다. 이 모든 경우의 수를 배제할 수 없지만, 지금의 예상 수순은 4월 탄핵 결정에 6월 대선 정국이다. 이 역시 넉넉한 시간은 아니지만 해볼 만하다.

그런데 만에 하나 박근혜 대통령과 관련된 헌재의 재판 심리가 늦어지게 될 경우, 정국은 급격하게 소용돌이칠 것이다. 일부 진보적 세력은 촛불 민심을 헌재로, 국회로 돌릴 것이다. 이렇게 불확실한 정국 상황에서 반기문은 누군가와 필연적으로 손을 잡아야 한다. 정치는 혼자 할 수 없기 때문이다. 그렇다면 누구와 손을 잡아야 하는가?

모든 드라마의 주인공에게는 적대세력이 존재한다. 적대세력이 강하면 강할수록 이야기는 재미있어진다. 〈말아톤〉이라는 영화의 주인공은 자폐아 윤초원이다. 몸이 불편한 그가 정상인도 도전하기 힘들다는 마라톤에 도전한다고 한다. 모두가 말릴 일이다. 불가능하고 될 수 없는 일이기 때문이다. 그런데 초원이는 달리겠다고 선언한다. 이를 보다 못한 어머니가 초원이에게 달리기를 가르쳐줄 선생을 찾아 나선다.

선생은 퇴물 마라토너다. 초원이 어머니가 준 강사료를 경마장에 가서 탕진하고, 초원이에게는 달리기를 제대로 가르치지 않는다. 인생의 패배자인 퇴물 코치에게 자폐아 초원이의 마라톤은 구질구질한 자기 인생을 더 구질구질하게 만드는 일일 뿐이다.

그런 코치에게 초원이가 묻는다. "선생님, 뭘 할까요?" 코치는 그냥 운동장을 달리라고 한다. 초원이에게 운동장을 달리라고 지시한 코치는 그만 초원이의 존재를 잊은 채 낮잠을 잔다. 서너 시간 아니 그보다 더 지난 시간, 집으로 돌아오지 않는 초원이를 찾아서 어머니가 코치를 찾아온다. 뒤늦게 아차 싶은 코치는 운동장으로 달려간다. 서 있기도 힘든 무더운 여름날, 그곳에서 혼자 아직도 달리고 있는 초원이를 발견한다. 코치의 마음이 움직인다. 자폐아 초원이의 간절함이, 행동으로 나타난 진실이 퇴물 코치의 양심을 깨어나게 한다.

이제 자폐아 초원이와 퇴물 코치는 한 팀이 된다. 온갖 방해와 세상의 편견, 가족의 몰이해, 고난과 어려움을 다 이겨내고 마침내 그들만의 마라톤 완주에 성공하고 만다.

이제 반기문은 〈말아톤〉의 자폐아 초원이처럼 퇴물 코치가 되었든, 자신을 믿어주는 어머니가 되었든 누군가와 손을 잡아야 한다.

한류를 선도하고 있는 드라마의 경우 보통 전작제 작품은 드물다. 매회 시청자 반응을 작가와 제작진이 피부로 느껴가면서 드라마를 집필하고 제작한다. 이는 대중의 소구력을 극대화 해 대중의 의견을 드라마에 최대한 반영하겠다는 의미가 된다.

현재 대선 지지율은 오차 범위 내에서 문재인 더불어민주당 대표와 반기문 전 유엔 사무총장이 1, 2위를 달리고 있다. 그 뒤를 이재명 성남시장, 안철수 전 대표, 황교안 총리, 안희정 충남지사 등이 포진해 있다. 정말로 만만치 않고 녹녹지 않은 선택의 순간이 반기문 앞에 놓여 있다. 하지만 지금의 불리함이, 눈앞에 보이는 부족이 결코 부족한 것이 아닐 수 있다. 과거 노무현 후보가 민주당의 대권주자가 되고, 대선에서 승리할 것이라 예측한 사람은 극소수였다. 정치는 생물이다. 드라마나 영화보다 더 극적이다. 그래서 대한민국의 대선은 흥미진진하다.

다시 한번 윤여준 장관의 말을 인용해보자. 이제 디지털 시대에 3차, 4차 산업혁명이 혼합혁명으로 오고 이것이 사회를 바꿀 것이다. 이런 혁명의 키워드는 공유, 개방, 참여, 유연성, 창의성 등으로 모든 분야에서 이 가치가 지배하는 사회가 올 것이고, 생산자가 소비자고 소비자가 생산하는 시대가 올 것이다.

나는 광화문 100만의 모습이 한국사회의 미래라고 봤다. 통제하는 지휘부 없이 내가 중심이었다. 누구도 의식한 것은 아니지만 그것이 디지털 시대 한국사회의 모습을 보여주는 것이 아닌가 하는 생각을 했다. 아날로그 시대는 오케스트라와 비유하는 데, 이는 재즈 밴드 처럼 각자 정해진 틀 안에서 연주자이면서 각자가 지휘자인 모습이었다. 앞으로 등장하는 사회 리더십에서는 자율성과 창의성을 가지고 최대한 발현하는 모습을 보여주는 것이 바로 미래형이라고 본다. 그런 점에서 높은 시민의식에 그치지 않고 미래 한국사회의 모습을 보여줬다고 본다. 정말 의미 있는 일이다.

시간만 있다면 이러한 새로움을 가치로 하는 반기문만의 독자 세력 구축이 가장 정답일 듯 하지만, 이것은 개인적 염원일 뿐이고 현실적으로도 불가능하다. 그러나 나는 믿는다. 주인공은 반드시 꿈을 이룬다.

4

반기문의 시험과 시련

01

동굴 진입, 과거의 시련

    유년기 반기문에게는 물질적으로 넉넉하지 못한 가정환경이 어려움의 대상이었다. 일제강점에서 해방되기 1년 전인 1944년 반명환 씨의 장남으로 태어난 반기문은 당시 농고를 졸업하고 충북선업의 소장으로 근무하던 선친 덕분에 유년기에는 별다른 부족함이 없었다. 그러나 한국전쟁 이후 마음씨 좋은 아버지의 빚보증에 그 이후 시작한 쌀 창고 사업이 여의치 않게 되자 가세가 기울어 어렵게 생활하게 된다. 그러나 전후 국민 대다수가 절대 빈곤 속에 살았던 시기이니만큼 반기문 역시 이 과정에서 스스로 자립하는 독립심을 가지게 된다.

    중학교 시절에는 동생들과 학비를 벌기 위해 어머니 신현순 여사가 사다준 돼지 세 마리를 키우게 되는데, 각자 한 마리씩을 본인과 동생들에게 배분하게 된다. 장남인 반기문은 돼지 여물을 주기 위해 동생 정란과 함께 집집마다 쌀뜨물을 구하러 다니기도 하고, 충주 시내를 다니며 식당의 잔반을 얻어와 돼지에게 먹이기도 했다. 방송사 인터뷰에서 여동생 반정란은 그때를 회상하며, 돼지를 굶기면 새끼를 낳을 수 없고, 그러면 학교에 다닐 수 없다는 생각에 자신이 먹던 밥을 남겨 돼지에게 준 기억도 있다고 했다.

우수한 성적으로 서울대학교에 입학한 뒤에도 반기문은 학비와 하숙비를 벌기 위해 기숙 가정교사도 마다하지 않았다.

이런 환경적 시련 이외에 반기문 인생에서 가장 큰 시련은 명예를 생명처럼 생각하며 청렴결백하고 소신 있게 생활해온 외교관직에서 물러난 사건이다.

2001년 2월, 57세의 반기문이 외교부 차관일 때 김대중 대통령은 푸틴 러시아 대통령과 정상회담을 했다. 한국과 러시아의 회담 내용이 공동성명으로 발표됐는데, 우리 정부가 러시아의 탄도탄요격미사일조약(ABM조약)을 지지한다는 내용이 담겨 있었다. 요격미사일조약이란 과거 미국과 러시아가 상대방 국가에 미사일을 발사하지도 이를 요격하지도 않겠다는 내용의 조약이다.

하지만 2000년 미국은 이 조약에서 탈퇴했는데, 북한·이라크 등 미국이 '악의 축'으로 선언한 국가들로부터 미사일 공격을 받

반기문 유엔 사무총장과 한승수 국무총리

을 가능성이 높아지면서 이를 방어하기 위해 조약에서 탈퇴한 것이다. 그리고 난 뒤 미국은 스스로 독자적인 전미 미사일 방어체제인 NMD를 구축했다. 그런데 우방국인 우리가 러시아의 ABM 조약을 지지한다는 것이 미국의 NMD 구축 체제를 정면으로 반대하는 것이 되고 말았다.

 미국은 한국이 러시아와 손잡고 미국에 등을 돌렸다며 모든 언론을 동원해 일제히 비난했다. 본의는 아니었으나 오해를 불러일으키기에 충분한 일이었다. 러시아와 공동선언문을 작성할 때 미국이 민감하게 생각하는 이 사항에 대한 꼼꼼한 검토가 부족했다. 급기야 김대중 대통령은 미국의 부시 대통령을 만나 여러 차례 사과해야 했다. 그리고 누군가 이 문제에 책임을 지는 인사 조치가 불가피해졌다. 정부는 이에 주무부서 차관이었던 반기문의 경질을 발표했다. 반기문은 당시 "지난 31년 동안 나를 위해 단 한 시간도 써본 적이 없는데 죽고 싶다"라고 심경을 표하기도 했다.

 국가에 봉사하고 헌신하는 것을 사명으로 여기며 살아온 반기문에게는 충격 그 자체가 아닐 수 없었다. 스스로도 공동선언문의 문맥을 좀 더 세심하게 살피고, 미국대사관에 문의하는 선에서 그치는 것이 아니라 미국 국무부에 직접 문서를 보내 조율하지 못한 것이 못내 후회스러웠다. 57세 때 졸지에 백수가 된 반기문은 외교안보연구원에 방 하나를 얻어 와신상담했다.

이때 한승수 외무부 장관(30대, 2001~2002)은 불명예스럽게 공직을 떠난 성실하고 능력 있는 반기문에 대해 무척이나 안타까워했다. 마침 한승수 외무부 장관은 유엔 총회 의장으로 발령났다. 한 장관은 쉬고 있는 반기문에게 의장 비서실장을 제안했다. 자신이 대한민국의 외무부 장관을 겸직하므로 유엔을 자주 비울 수밖에 없는지라 고육지책으로 내린 결정이었다. 보통 국장급이 가는 자리였는데, 수년 동안 여러 차례 차관 업무를 해온 반기문에게는 말 그대로 강등이나 마찬가지인 제안이었다.

　하지만 반기문은 대인배답게 이 제안을 수락했다. 남들이 자신을 어떻게 보든 일을 좋아하는 반기문다운 선택이었다. 그러나 공직 생활을 해본 사람에게 이것이 얼마나 어려운 결정인지 알 만한 사람은 다 알 것이다. 내가 오랫동안 근무했던 방송국에서도 일선에서 프로그램을 제작하는 현장 연출자들에게 갑자기 심의실이나 제작위원실, 사업국이나 편성국으로 발령 내면 직급은 똑같아도 마치 퇴사를 권유당한 사람처럼 연출자들은 이를 수치스럽게 생각하고, 어떤 이는 회사를 떠나기도 한다. 그러니 서열과 기수문화가 민감한 공직사회에서 성장한 반기문에게는 쉬운 결정이 아니었을 것이다.

　고난은 감춰진 축복이라는 말이 있다. 만약 반기문이, 자기 입으로 스스로 영원한 보스라고 말한 한승수 장관의 권면을 따라 유엔으로 가지 않았다면, 오늘날의 유엔 사무총장 반기문은 있을 수 없었고, 제19대 차기 대권주자 반기문은 더더욱 존재하지 않았을 것이다. 자신을 낮춘 작은 씨앗이 오늘의 반기문이 되는 초석이 되었다.

02

두려워하지 말라, 놀라지 말라, 강하고 담대하라!

　반기문이 대권도전을 피력한 것은 스스로 꿈을 키웠다기보다는 국내 여론이 그를 차기 대권주자로 만들어낸 까닭도 있다. 그도 그럴 것이, 여러 가지로 어려운 국내 정치 현실에서 유엔 사무총장으로 연임에 성공하고, 종횡무진 전 세계를 다닌 반기문은 대한민국의 미래 희망이었다. 하지만 정치는 생물이고 현실이다. 박근혜 정권의 부도덕으로 조기대선 정국이 되고 보니 상황이 녹녹지 않게 되었다. 보수는 분열되었고 국민은 촛불을 들었다. 거기다가 반기문이 대선에 도전한다고 하자, 진보적 인터넷 매체를 비롯한 반대 세력은 반기문 흠집 내기에 혈안이 되어 있다.
　반기문의 도덕성에 흠집을 내기 위해 노무현 전 대통령의 지인이었던 박연차 회장의 금품 제공설을 언론에 흘리기도 하고, 반기문의 장남이 대기업 해외근무 특혜가 있는 것처럼 떠벌리기도 했다. 또 아직까지 구체화되지는 않았지만, 친인척의 확인되지 않은 크고 작은 루머를 사실인 것처럼 '-카더라' 하는 통신이 인터넷 공간을 점유하고 있다.

이러한 현상은 귀국하고 난 뒤 더 심화될 것이다. 대선 행보를 본격적으로 하게 되면 아니면 말고 식의 인신공격적인 언론 플레이가 확대될 것이 자명하다. 명심해야 할 것은 현 시국에서 도덕적 흠집은 결정적 패인이 될 수 있다는 것이다. 반기문의 최측근으로 분류되는 오준 대사의 말을 인용하면, 반기문은 절대로 그럴 사람이 아니며 이런 루머에 확실하고 단호하게 대처할 것이라고 했다.

반기문 역시 박연차 회장의 금품수수설을 보도한 〈시사저널〉을 언론중재위원회에 제소했다. 아무리 국민의 지성이 높아졌다고 해도, 연일 계속되는 흑색선전에는 당해낼 인재가 없을 것이다. 따라서 제기되는 검증 앞에 당당히 시기적절하게 대응하는 것은 당연한 일이다. 그 밖에 이러한 검증 국면과 동시에 반기문다운, 반기문스러운, 반기문만의 정책 대결로 승부수를 띄우기를 조언한다.

반기문이라면 새로운 시대의 새로운 지도자다운 정책 대결을 보여줄 수 있지 않을까? 2010년 하버드대학교 마이클 샌델 교수의 정치학 강의 《정의사회의 조건》이 일본 NHK에서 방영되었다. 이 프로그램은 누구도 예상치 못한 지적 붐을 일으켰고, 정의사회에 대한 대중적인 명강의로 자리매김했다.

불과 27세에 하버드대학교 교수가 되어 'Justice'라는 강좌를 20여 년간 맡고 있는 공동체주의 이론가 샌델 교수의 강의는 일본을 거쳐 한국으로 건너왔다. 2005년 연세대학교에서 무료 특강에 성공한 데 이어 2011년 1월부터 EBS 특강, 2012년 SBS 특강은 물론 서울대학교·숭실대학교 등에서 연이은 특강으로 한국사회에서도 한동안 샌델 교수의 《정의사회의 조건》이 전국을 강타했다.

바로 이와 같이, 우리가 몰랐고 대중이 알지 못했던 반기문의 지적 매력이 어느 순간 확산될 수는 없을까? 인터넷 매체가 발달하고 정치 경험을 학습한 결과 대중의 지적 수준이 어느 때보다 높아졌다. 19대 대선에서는 자영업자, 가정주부, 학생, 근로자, 전문직 종사자와 남녀노소, 세대, 계층을 초월해 정치 참여도가 가장 높을 전망이다. 관중은 이미 대선이라는 빅이벤트에 집중해 있고 흥분할 준비가 되어 있다. 좀 더 충성도 있는 참관을 위해 여타의 정치적 학습도 끝낸 상황이다. 만약 이런 국민들 앞에서 텔레비전 토론을 통해 반기문만의 진실과 정의가 관통된다면 어떤 현상이 벌어질까 흥분되지 않을 수 없다.

방송작가 생활을 30여 년 넘게 하다 보니 업계에 종사하는 이들에게는 방송을 중2 수준으로 만들어야 한다는, 오래전부터 내려온 선배들의 지침이 있다. 이 말뜻은 시청자가 불특정한 다수인만큼 중학교 2학년 정도가 이해할 수 있을 정도로 쉬운 방송이 성공한다는 뜻이다. 즉 시장에서 생선을 파는 할머니도, 어느 순간 텔레비전을 켜면 바로 이해되고 공감되는 쉬운 어법으로 글을 쓰고 방송을 만들어야 한다는 것이다. 정치의 언어도 이렇게 쉬워야 한다.

나는 반기문 전 총장이라면 충분히 재미있게 새로운 대선주자로서 지적인 토론의 장을 만들 것이라 확신한다. 비록 당내 경선이긴 했지만, 과거 미국 민주당 내 대선후보 경선에서 '오바마 열풍'과 '힐러리의 눈물'은 네거티브를 배제한 정책으로 대결했던 명승부였다. 흑인 대통령 후보와 여성 대통령 후보의 정책대결 그리고 결과에 깨끗하게 승복하는 아름다운 정치문화가 얼마나 부러운가?

이번 대선에서 적절한 타이밍에 반기문 후보가 문재인 후보 혹은 여타 다른 후보와 경쟁하더라도, 선언적으로 후보자 간에 네거티브적 공세를 하지 않기로 하고, 깨끗한 보수와 포용의 진보가 정책으로만 격돌하는 장을 만들어볼 수는 없을까?

그러한 분위기가 조성된다면 멋진 대선이 될 것이다. 그리고 이 제안을 반기문이 먼저 해야 한다. 나는 반기문이 충분히 승산이 있다고 생각한다.

5
반기문의 부활과 위기

01

위기는 기회다

　모든 스토리의 주인공에게는 위기가 찾아오고 주인공은 그 위기를 극복하고 반드시 부활한다. 또한 그 위기의 크기가 크면 클수록 대중은 집중하고 열광한다. 왜냐하면 주인공과 나를 동일시하기 때문이다. 즉 그의 성공이 나의 성공이고 그의 실패가 나의 실패다. 이것은 주인공의 숙명이다. 기획자들은 대중의 심리를 최소 6개월, 최대 1년 정도 예측하여 영화나 드라마를 제작한다. 영화는 사전제작이기에 이러한 현상이 더한 편이다. 2012년 대선 정국을 살펴보자. 새누리당 박근혜 후보와 민주당 문재인 후보가 박빙의 승부를 펼쳤다. 나중에 발표된 투표율을 보았을 때 선거 당일 오전까지는 문재인 후보가 앞서 있었으나 오후에 보수층이 결집하여 역전에 성공했다. 투표 결과는 대략 51 대 49 간발의 차이로 당락이 결정되었다.

바로 이즈음 뮤지컬 영화로는 드물게 장발장이 주인공인 〈레미제라블〉이라는 영화가 관객 500만 명이 넘는 공전의 히트를 기록했다. 아마도 인구 대비 뮤지컬 영화 관람객수로는 전 세계 손가락 안에 드는 흥행 성적일 것이다. 빅토르 위고가 1862년 발표한 장편소설 《레미제라블》에 2012년의 대한민국 국민은 왜 열광했을까? 그 이유는 아마도 대선에서 문재인 후보를 지지했던 진보적 성향의 유권자들이 대선 패배의 충격을 프랑스혁명을 기초로 한 뮤지컬 영화 〈레미제라블〉을 보고 대리만족하며 스스로 위로했기 때문일 것이다.

이러한 대중 현상을 연구하는 기획자들은 박근혜 정권 1년 뒤 문재인 후보를 지지했던 진보적 성향의 관객을 결집할 만한 대리만족의 콘텐츠를 기획하게 된다. 박근혜 후보에게 투표하지 않았던 대중은 박근혜 후보가 내건 공약의 불이행이나 실정을 볼 때마다, 자신들 스스로 결집할 만한, 하나 되어 뭉칠 만한 소구력을 불러일으킬 문화적 콘텐츠를 갈구하게 된다. 바로 이러한 분석에 따라 노무현 대통령을 모델로 한 영화 〈변호인〉이 기획되었다. 영화 기획자들의 예상대로 〈변호인〉은 관람객 1,100만 명이 넘는 흥행을 기록했다.

이에 자극받은 보수진영의 영화기획자 역시 보수세력을 결집하기 위해 정확하게 1년 뒤 아버지라는 부제를 달고, 앞선 세대 선배들의 헌신을 기리는 영화를 만들게 된다. 바로 영화 〈국제시장〉이다. 〈국제시장〉은 보수 관객의 결집을 문화 콘텐츠로 이끌어내 1,400만 명이 관람하는 흥행을 하게 된다. 국민 세 명 중 한 명은 〈국제시장〉을 보았다는 뜻이다. 대단하지 않은가?

스토리를 만드는 사람들에게 대중의 기호분석은 작품의 성패를 좌우하는 가장 중요한 일이다. 경기가 어렵고 살기가 힘들 때는 판타지나 신데렐라 이야기가 성공한다. 피곤하고 고단한 삶의 일상을 단 몇 시간만이라도 잊기 위해서다. 반면 경기가 부양되고, 삶이 활기차고, 소득이 높을 때는 어려웠던 시절의 복고 드라마나 휴먼 스토리가 성공한다.

선거도 이와 같은 대중의 기호를 분석하고 예측하는 면에서는 스토리 콘텐츠와 공통점이 매우 많다고 생각한다. 그래서 나는 반기문에게 감히 닥쳐올 위기도 감사하게 생각해야 한다고 조언한다. 극복할 수만 있다면 위기는 축복이고 부활의 승전보이기 때문이다. 16대 대선 당시 노무현 후보와 정몽준 후보의 후보 단일화가 무산되던 그날 밤, 노무현 후보는 정몽준 후보의 집 앞에서 문을 두드리며 만나달라고 간곡하게 호소했다. 하지만 정몽준 후보는 끝내 문을 열고 나오지 않았고, 이 모습을 텔레비전으로 지켜본 새천년민주당 지지 세력은 위기의식을 느끼고 결집하게 된다. 그 결과 불리했던 선거 판도를 뒤집어 한나라당 이회창 후보를 꺾는 대역전극을 펼친다.

　지금의 대선정국은 새누리당의 실정으로 보수가 양분되고 세력이 분산된 형국이다. 이에 반해 야당인 진보세력은 확실한 지지기반을 가진 문재인 후보와 선동가적 선명성으로 선거판의 파이를 키우고 있는 이재명 성남시장, 그리고 박원순 서울시장, 안희정 지사 등 제법 다양성까지 겸비한 선수들이 즐비한 상황이다. 이재명 성남시장은 문재인 후보를 고구마로, 자신을 사이다로 표현하며 두 자리 숫자의 지지율을 유지하는 등 깜짝 돌풍의 주인공이 되고 있다. 안철수 후보의 국민의당은 박지원 대표가 숨 고르기를 하며 반기문과 연합을 모색 중이다. 새로운 뉴DJP 연합으로, 호남지역의 중도보수 후보로 내심 반기문을 꿈꾸고 있는 듯하다. 그러나 안철수 후보가 대선 출마를 포기하지 않을 듯하므로 작지만 변수가 될 여지가 충분하다. 또한 새누리당에서 분당해 나온 바른정당의 유승민 후보 역시 후보 단일화 경선에 출마할 것이다. 큰 이변 없이 문재인이 야권 후보가 된다면 반기문은 두 번, 세 번 이념 조정을 거쳐 세 불리기를 해야만 한다. 이 과정에서 무조건 반기문이 여당 또는 제3세력의 대권 후보가 된다는 보장은 없다. 반드시 위기가 찾아올 것이다.

　모든 드라마의 주인공에게는 외부적 위기와 내부적 위기가 있듯이, 대선주자들에게도 내부적 위기와 외부적 위기가 찾아올 것이다. 내부적 위기가 친인척과 측근 혹은 과거 발언과 오해나 의

혹이 될 만한 일들이라면 외부적 위기는 바로 경선을 통해, 지지 세력의 범위를 확대할 때, 즉 외연을 확장할 때, 약속했던 것과 달리 경선 결과에 불복하는 상대방 혹은 절대적으로 하나가 될 수 없는 이념적 충격이 돌발되어 경선에서 예상치 못한 후폭풍을 맞을 수도 있다.

반기문은 준비된 대권주자다. 경험이 많아 쉽게 흥분하거나 당황하지 않을 것이다. 그러나 몇 가지 약점도 보인다. 명예라든가 자신이 고결하다고 생각할 만큼 정도를 걸어온 삶이 약점이 될 수 있다. 혹 말도 안 되는 것들을 물고 늘어지는 상대방이나 반대 세력을 지지하는 언론 매체를 대상으로 맺집 있는 방어를 할 수 있어야 한다. 이러한 잡스러움에 당황하지 않고 관조할 수 있어야 하는데, 이 부분 역시 한두 번만 경험한다면 큰 걱정이 되지는 않는다. 또한 신중하기에 큰 말실수도 없을 것이다.

문제는 반기문에게는 대중적으로 강력한 아나운스, 임펙트가 없다는 것이다. 쉽게 얘기하면, 선동적인 기질이 부족하다는 것이다. 확실한 타이밍이 오면 뭔가 한 방이 있어야 한다. 그래서 반드시 승부수를 던져야 한다. 잃을 게 없을 정도로 모든 것을 내려놓고 다 던져야 한다. 그래야 부활할 수 있다. 조금이라도 연연해하는 모습을 보여서는 안 된다. 자신의 모든 것을 불사르겠다는 초심을 행동으로 보여야 한다.

02

꿈꾸는 자는 부활한다

초등학교 5학년, 교내 스피커로 전교생 조회를 알리는 방송이 들려왔고 반기문은 운동장에 서게 된다. 그때 반기문은 충주를 방문 중인 변영태 외무부 장관을 보게 된다. 그리고 변 장관의 훈시를 통해 작은 씨앗이 심어진다. 본인이 인지하든 그렇지 않든, 어린 소년의 마음에 전교생을 모아놓고 훈시하던 변영태 외무부 장관의 말이 울려 퍼진다. "여러분이 전 세계의 주인공이 될 수 있습니다!"

반기문이 6학년이 되던 해인 1956년 10월 23일, 소련(지금의 러시아)의 위성국가이자 소비에트공화국 연방의 일원이었던 헝가리에서 공산독재 정권에 항거하는 대규모 민주시위가 벌어진다. 소련의 흐루쇼프 서기장은 즉각 군대를 투입해 무려 2,500여 명의 헝가리 시민을 살해하고 무력으로 진압한다. 이에 반기문은 학생대표로 당시 유엔 사무총장이던 다그 함마르셸드에게 탄원서를 써서 보냈다. 60년 후인 2006년 유엔 사무총장이 된 반기문은 이 일화를 취임사에서 소개했고, 헝가리 정부는 반기문에게 자유의 메달을 수여했다.

작은 기록이 쌓여 개인의 삶을 만들어내고, 이것들이 모여 역사를 만든다. 주인공의 부활을 설명하기 위해, 주인공의 이미지를 극대화하는 데 필요한 세 가지 요소를 알아본다. 이것들은 주인공의 이미지를 극대화하고 캐릭터를 충만하게 하는데, 그 첫 번째는 주인공만의 공간이다. 공간은 사람에게 동기가 부여되는 스토리 이미지를 함축하고 있다. 첫사랑과 헤어진 눈 오는 날 덕수궁 돌담길, 그 돌담길을 20여 년이 지난 뒤 걷는 어느 날, 갑자기 내리는 첫눈을 보고 20여 년 전 바로 덕수궁 돌담길에서 있었던 첫사랑과의 만남을 생각해내곤 빙그레 미소를 지어본다.

2012년 유엔 사무총장에 연임된 반기문은 8월 26일 비스타 프로그램으로 전 세계 42개국에서 모인 적십자 청년 102명 중 생존한 53명에게 초청장을 보내 50년만의 재회를 주선 했다. 이 모임에 한국 대표로 참석했던 곽영훈, 정영애도 감격스러운 재회를 했다.

그들은 50년 전에 방문했던 워싱턴의 적십자사를 다시 방문했는데, 세월이 흘러 열여덟 살 학생들은 반백의 노인이 되었지만 그날 그들을 맞이했던 건물은 세월의 무상함을 잊은 듯 그 자리에 있었다. 그곳에 모인 반기문과 그의 친구들은 곽영훈 회장이 만든 적십자노래를 피아노 반주에 맞춰 합창했다.

마치 영화의 한 장면처럼 과거로 넘어가는 화면, 대학입시를 준비 중일 때 과감하게 결단한 미국행, 당시 미국을 간다는 것은 일반 국민이라면 상상할 수도 없는 일이었기에, 충주에서는 고교생 반기문의 방미가 대단한 화제였다. 따라서 영어 하면 반기문, 반기문 하면 영어일 정도로 반기문의 얼굴은 몰라도, 영어를 잘하는 반기문의 이름을 모르는 충주 사람은 없었을 정도였다.

그들이 모였던 적십자 건물은 반기문의 꿈을 떠올리는 귀중한 공간이다. 세상을 살아가면서 힘들고 어려운 일이 생길 때마다 반기문의 가슴속에는 충청도를 대표하는 반기문, 국가를 대표하는 반기문이라는 국가대표의 사명과 함께 전 세계 친구를 만났던 미국의 적십자사와 케네디 대통령을 만났던 백악관을 떠올렸을 것이다. 반기문의 비전의 공간은 바로 이곳들이다.

두 번째는 소품이다. 주인공의 이미지를 매력적으로 돋보일 수 있는 장치 중 하나가 소품이다. 돌아가신 할머니가 나에게 남기고 간 유품이 존재한다면, 어느 날 다락을 청소하다가 할머니가 남기고 간 그 유품을 보고 자신을 사랑했던 할머니와의 추억을 생각해낸다면, 소품 역시 훌륭한 이야기가 될 수 있지 않은가?

반기문에게는 사진이 여러 장 있다. 반기문이 비스타 대표로 방미하기 전 외국 친구들에게 줄 선물로 충주여고 학생들이 복주머니를 만들어 반기문에게 전달했다. 이때 복주머니를 전달하기 위해 대표로 선발되어 나온 충주여고 회장이 반기문의 부인이 된 유순택이다.

  두 사람은 복주머니를 인연으로 교제를 시작했고, 반기문이 서울대학교 외교학과에, 유순택이 중앙대학교 도서관학과에 합격하면서 본격적으로 만났다. 반기문이 군대에 갔다 와서 서울대를 졸업하고 외무고시에 합격한 뒤 두 사람은 결혼했다. 두 사람에게 복주머니는 주인공의 캐릭터를 살찌우는 좋은 이미지다. 사람과 인연을 소중히 여기는 반기문은 매년 연하장에 자기 이름이라도 손 글씨로 적어 안부를 전하는 것으로 유명하다.

  세 번째는 인물이다. 그 대상이 악연이든 인연이든 시간이 지나고 세월이 흐르면 그 존재만으로도 가치 있어지는 것이 인물이다. 그를 통해 나의 지나온 삶을 되돌아볼 수 있기 때문이다. 반기문의 특징 중 하나는 작은 것에 정성을 다한다는 것이다. 그러한 정성 때문에 반기문의 일관된 행동이 진실로 다가오게 된다. 2005년 외교부 장관으로 재직할 때는 1962년 비스타 프로그램으로 미국을 방문했던 반기문 일행에게 샌프란시스코에서 민박을 제공했던 리바 패터슨 할머니를 한국으로 초청하기도 했다. 자기 이미지를 포장하기 위한 갑작스러운 초청이 아니라, 수십 년에

"여러분 사랑합니다."

걸쳐 크리스마스카드와 안부 문안 편지로 작은 인연을 무려 50년 동안 잊지 않고 지켜왔기에 가능한 일이었다.

〈노컷뉴스〉 기사에 따르면, 반기문·유순택 부부는 2009년에는 또 다른 분을 만나기 위해 버지니아주 알렉산드리아를 찾았다. 98세 할머니의 생일을 축하해주기 위해서였다. 노령으로 휠체어에 의지한 플로렌스 투퍼 할머니는 반 총장 부부를 바라보면서 자연스럽게 47년 전 기억을 떠올렸다.

"키가 크고 호리호리한 체격에 잘생긴 학생이었지요. 정말 성실했어요."

1962년 당시 53세였던 투퍼 할머니는 샌프란시스코 소재 적십자사 자원봉사요원으로 반기문을 포함해 남녀 학생 10명의 보호자 겸 가이드로 미국의 문화를 설명하는 역할을 맡았다.

투퍼 할머니는 "남학생 5명과 여학생 5명을 첫날 집으로 초청해 팝콘과 아이스크림을 먹으면서 금세 친해질 수 있었다"며 반 총장과의 첫 만남을 회상했다.

"인도에서 온 남학생은 문학가가 되고 싶다고 했고, 캐나다 여학생은 간호사가 꿈이라고 했는데, 한국에서 온 반기문 학생은 정치가(외교관)가 되고 싶다고 말했지요."

반 총장은 이날 98세 생일을 맞은 투퍼 할머니에게 "오래오래 만수무강하세요"라고 말하며 100번째 생일을 염원하는 기념패를 선물로 전달했다.

반기문, 미국 민박집 주인과 43년 만에 해후

반 총장은 그동안 투퍼 할머니의 생일에 맞춰 직접 방문하거나 축하카드를 보냈고, 주미 대사관의 정무공사 시절에도 만나는 등 남다른 인연을 이어왔다.

투퍼 할머니는 "반 총장을 만날 때마다 항상 행복하다"면서 "우리는 오랜 친구"라고 말했다. 이에 반 총장은 "1962년 첫 미국 여행은 정말로 제 눈을 뜨게 만드는 기회였다"면서 "투퍼 여사는 미국의 구석구석을 소개해줬는데, 당시 경험이 제게 많은 영감을 줬다"라고 밝혔다.

이렇듯 반기문에게는 작은 인연을 소중하게 키워 아름답게 만드는 힘이 있었다. 꽃보다 사람이 아름답다고 하는데 반기문에게는 사람의 아름다움이 있다.

반기문의 부활의 힘은 주인공의 스토리를 강화하는 세 가지 요소 중 인물을 통해 극대화된다. 단순한 인연에도 평생 신의를 지키는 반기문이 사람을 얼마나 소중하게 생각하는지 엿볼 수 있는 대목들이다.

미국과 외교 마찰에 대한 책임을 지고 불명예 퇴진한 4개월 뒤, 한승수 외무부 장관의 권유로 유엔 총회 의장 국장급 직급으로 뉴욕에 가는 결단을 내린 그 순간부터 그의 새로운 꿈은 시작되었고 부활하게 되었다. 2001년 반기문은 한승수 장관의 유엔 총회 의장 비서실장으로서 생기를 소진할 정도로 업무에 매진해

'미국 맘'에 은쟁반 기념패 선사하는 반 총장

하루를 24시간이 아니라 25시간처럼 소모했다.

유엔 총회 의장의 중요한 임무 중 하나는 회원국들의 의견을 수렴하고 회의 일정을 통보하며 조율하는 일이다. 일을 좋아하고 사람을 좋아하는 반기문은 물 만난 물고기처럼 뛰어다녔다. 외교관으로 31년 동안 축적한 경험과 인맥을 바탕으로 선한 영향력을 충분히 발휘해나갔다. 그 결과 반기문이 하는 일들은 추진력과 효율성이 극대화되었고 당연히 결정도 빨랐기에 반기문에 대한 회원국들의 신뢰는 배가되었다.

한번은 유엔에서 열린 아동 권리에 관한 국제회의에서 이스라엘의 절차상 실수를 문제 삼아 아랍권 전체가 이스라엘의 참석을 반대하고 나섰다. 이에 미국은 유엔 총회 의장에게 이스라엘의 참석을 허락하라는 압력을 가해왔다. 사태가 이 지경에 이르자 반기문은 아랍계 회원국을 일일이 찾아다니며 아동 권리에 관한 유엔 정신을 읍소하고, 다음 세대를 책임질 아이들의 생존과 권리가 어른들의 정치적 이유로 훼손되거나 무산되면 안 된다며 진심어린 설득을 했다. 마침내 아랍 회원국들은 이스라엘이 예뻐서가 아니라 반기문의 정성과 진심을 보고 이스라엘의 참석을 허락하게 된다.

이때부터 반기문은 소외된 중동과 아프리카 국가들에 많은 관심을 보이게 된다. 반기문이 이러한 소외국가와 절대 빈곤국가의 여성과 아동들에게 관심을 가진 이유는 바로 반세기 전 한국전쟁

반기문, 그리스서 난민캠프 방문

으로 전 세계 최빈국의 하나였던 조국 대한민국에 대한 기억 때문이다. 반기문은 겸손한 실력자였고 진실한 사람이었기에 국내에서도 그랬듯이 국제사회에서도 젠틀맨 '진짜 외교관'으로 통했다.

이와 같이 하나하나 발로 만들어 쌓은 인맥은 나중에 유엔 사무총장에 출마했을 때 큰 자산으로 돌아오게 된다. 반기문은 차관급이었던 자신의 직책을 낮춰 국장급으로 근무한 유엔 총회 의장 비서실장 생활에서 자신만의 국제적 네트워크를 갖추게 되었다. 어려움과 불가능을 자신만의 매직으로, 삶의 불행과 좌절을 행운으로 바꿔내는 신비한 마술사로 등극했다. 그리고 마침내 2004년 외교관의 꽃인 대한민국 외교통상부 장관에 임명되었다.

03

유엔 사무총장이 되다

    2007년 '단군이 나라를 세운 5,000년 역사 이래 최대 경사'라는 말처럼 대한민국에서 가장 큰 쾌거가 이루어졌다. 세계 대통령 유엔 사무총장을 배출한 것이다. 수년 전 한승수 유엔 총회 의장 비서실장으로 재임할 때 수많은 국제회의 준비와 상충되는 이해관계를 사전 조율하는 1년 남짓한 시간 동안 각국 대사들, 직원들과 교류하며 튼튼하게 맺어둔 인간관계가 거둔 성과였다. 또한 거기에 참여정부의 적극적인 지원도 한몫했다. 결국 작은 인연을 소중히 하고 상대가 누구든 상관없이 언제나 친절하게 배려하려 애쓰는 기본적인 삶의 철학이 가져다준 결과였다.

    반기문 리더십의 대표적인 장점은 일관성이고, 낮은 자세로 끝까지 상대방과 대화하는 끈기이며, 포기하지 않는 근성이다. 유엔 사무총장이 된 반기문은 2007년 유엔 직원의 이동근무제를 주장하며 유엔의 개혁을 시도했다. 하지만 철밥통처럼 굳은 유엔 직원들의 사고와 각국의 비협조로 유엔 직원의 근무지 순환 근무제도는 요원해 보였다. 그러나 반기문은 유엔 직원들에게 좀 더 공평한 기회를 주기 위해 서두르지 않고 기회가 있을 때마다 이를 주장했다.

마침내 2014년 3월 유엔 산하 제5차 위원회에서 1년 전 상정된 이동근무제 기본안이 통과되었다. 그래서 뉴욕, 제네바, 빈 등 근무조건과 여건이 좋은 곳의 근무 연한을 최장 7년으로 제한하고, 분쟁 지역 근무는 3년, 기타 지역 근무는 4년으로 근무 연한을 제한하여 한곳의 근무가 끝나면 반드시 다른 근무지로 이동하는 것을 원칙으로 정했다. 이처럼 작다면 작고 크다면 크다고 볼 수 있는 안건마저도 장장 7년 동안의 기다림과 꾸준함으로 관철했다. 몇 년이 지난 지금 모든 유엔 직원은 반기문의 생각이 얼마나 가치 있고 올바른 것이었는지 깨닫고 이 작은 혜택과 기회 평등에 감사하고 있다.

미얀마의 자유화, 아랍의 봄, 코소보 독립, 콩고민주공화국·코트디부아르 분쟁, 성소수자 및 에이즈환자 인권, 유엔 기후변화협약, 환경보호, 남수단 다르푸르 학살 중재, 에볼라 바이러스 확산 방지 등 수많은 국제 사건·사고 현장에서 반기문은 나름대로 유연하게 대처해왔다고 본다. 국가적 이해관계가 우리보다 약소한 아프리카나 기타 국가 출신 유엔 사무총장의 경우에는 여러

52년 만에 총성 멈춘 콜롬비아

상임이사국의 조율을 무시하고 일정 부분 자신의 목소리만 낼 수 있다. 그러나 반기문은 달랐다.

혹자는 반기문이 미국과 기타 강대국의 비위와 눈치를 너무 많이 봐왔다며, 유엔의 목소리를 강자 앞에서는 전혀 내지 않는 최악의 유엔 사무총장이라는 혹평을 했다. 그러나 이는 반기문만의 지혜로움의 결과다. 유엔 사무총장이라는 자리는 세계 대통령이라는 상징성은 있지만, 실질적인 권한은 없는 명예직에 가깝다. 한 가지 일에서 실행력을 보이려면 수백수천 번 이해당사자 간의 회의와 의결을 거쳐야 하고, 회원 각국의 분담금으로 운영되는 회원 자치단체다. 지정학적으로, 정치역학적으로 강대국의 틈바구니에서 균형 잡힌 외교로 버텨야 하는 우리 실정에 반기문 유엔 사무총장은 자신의 존재가 국익에 반해서는 안 된다는 철저한 실사구시의 현실 외교정책으로 10여 년 임기를 이끌었던 것 같다.

유엔 사무총장으로서 반기문과 대한민국 국민으로서 반기문, 세계평화와 대한민국의 국익을 놓고 항상 눈앞에 보이는 이익보다는 조금 더 먼 거리의 실익을 추구하는, 나무와 숲을 동시에 보는 명철한 유엔 사무총장이었다.

재난이나 유혈분쟁이 발생한 지역에서는 발 빠르고 손이 잰 행보를 해왔고 민주화와 인권문제, 기후협정처럼 의식전환과 관련된 문제에서는 서두르지 않으며 기다리는 부드러운 카리스마로 문제를 해결해냈다.

바티칸서 신앙과 스포츠 회의 개막

6

반기문만의
청년 비전-반기문노믹스와
통일 대박

01
통일은 대박이다

　반기문의 귀국후 첫 번째 관심 사항은 청년임을 천명했다. 다음 세대를 책임질 청년에 대한 비전이 없는 민족이나 국가는 이미 사망한 것이나 다름없기 때문이다. 수년 전 서울대학교 김난도 교수가 집필한 《아프니까 청춘이다》라는 청년 권면서가 독자들의 폭발적인 반응으로 장기간 베스트셀러에 등극했다. 그런데 지금은 아프니까 청춘이라는 말조차 듣기 싫어한다. 처음 새로운 것들에 도전하는 청년들에게 익숙지 않은 모든 것으로부터 오는 실패와 좌절은 당연한 것이었다.

　그러므로 누구는 반복되는 실패 속에서도 자신만의 방법을 찾아내고, 새로움을 추구해서 자신의 꿈을 이루어냈다. 이럴 때 아

태영호 전 영국주재 북한공사, "통일의 바람은 불어옵니다."

프니까 청춘이라는 말은 '누구에게나 그 나이, 그 시절에는 통과 의례적으로 거쳐야 할 삶의 과정이 있고, 인생이란 긴 마라톤에서 인내해야만 하는 시간층이니 너희도 참아내보렴. 그러면 좋은 열매와 결과가 있단다'라는 뜻을 은유적으로 함축한 일종의 격려사다.

그러나 현실은 그렇지 못했다. 아프니까 청춘이라는 말이 진정한 격려가 되려면 희망이 있어야 한다. 지금 힘들고, 지금 어렵고, 지금 배고프고, 지금 아파도, 남들이 알아주지 않아도, 이 길을 가다 보면 언젠가 반드시 성공한다는, 인내하고 성실하게 정도를 걸어가면 성공한다는 꿈이 있었다. 그런데 지금 대한민국 청년에게 희망이 있는가? 정의가 무너지고 상식이 무너진 지금, 청년에게 희망이 있는가!

오죽하면 오스트리아 의학자이자 정신심리학자인 아들러의 철학을 근간으로 일본의 기시미 이치로가 쓴 《미움받을 용기》라는 다소 역설적인 제목의 인간 자립에 관한 심리학서가 청년들의 필독서로 자리 잡고 심리철학이 열풍을 선도하겠는가! 우리 청년들이 어렵고 힘든 현실을 심리철학서의 몇 마디로 위로받고 있다.

원로 정치인이자 경제부총리를 지낸 이헌재 전 부총리가 한국 경제의 성장 정체와 고용 절벽을 경고했다. 이헌재 전 부총리는 10일 서울 포시즌스호텔에서 열린 EY한영 신년 경제전망 세

미나에 참석해 "한국 경제가 정말 큰 난관에 봉착했다. 조선·해운 같은 중후장대(거대한 설비나 많은 인력이 필요한 산업)형 산업의 붕괴는 노동시장 붕괴를 가져올 것"이라고 말했다.

기조강연에 나선 이 전 부총리는 우리나라의 경제 체질이 바뀌지 않은 상태에서 산업 위기가 본격화되는 것을 우려했다. 그는 "한국 경제는 전통적 산업구조와 선단식 경영(주력 업체 중심의 문어발식 경영) 모델을 벗어나지 못했다. 산업 붕괴에 따른 성장 정체 문제가 심각해질 것이다"라고 했다. 올해부터 일하는 인구가 줄어드는 문제가 더해지면서 복합 불황이 올 수 있다는 점도 경고했다. 그는 "통계적으로 우리나라는 올해 '인구절벽' 원년을 맞을 것"이라며 "급속한 고령화로 노년층 복지비 부담이 늘고 소비시장 경색과 가계부채 문제가 맞물리면서 한국 경제가 전방위적인 압박을 받을 것"이라고 예상했다.

그는 이어 "도널드 트럼프 미국 대통령 당선으로 세계는 전인미답의 '트럼프 월드'로 들어섰다. 27년 전 레이건 전 대통령이 세계를 향해 시장의 문을 열었다면, 트럼프는 그 문을 닫으려 한다"라고 말했다. 미국 보호주의로 무역이 타격받을 것이란 얘기다. 이 전 부총리는 4차 산업혁명(정보통신기술과 제조업 융합 중심의 산업혁명)에서 돌파구를 찾으라고 조언했다.

그는 "4차 산업혁명은 위기이자 기회다. 4차 산업혁명을 새로운 돌파구로 만들 수 있도록 인공지능, 빅데이터, 클라우드 컴퓨

팅 기술에 대한 투자를 늘려야 한다"라고 강조했다. 새로운 시대의 키워드로는 '오뚝이'와 '리바운드'를 제시했다. 그는 "젊은이가 실패를 두려워하지 않고 마음껏 도전하는 '오뚝이 사회', 창업과 재도전의 반복이 쉽고 즐거운 '리바운드(Rebound) 사회'를 만들어야 한다. 실패가 존중받는 사회가 돼야 한다"라고 말했다.
— 〈조선비즈〉 2017년 1일 11일 기사 중에서

원로 정치인의 혼신을 다한 충고다. 오뚝이와 리바운드로 청년이 깨어날 수 있을까? 서울시에서 운영하는 지하철을 타기 위해 역내로 내려가 보면, 승객의 안전을 위해 역사마다 만들어놓은 지하철 스크린 도어에 시민들의 무료함을 달래기 위해 좋은 시와 명구절이 적혀 있다. 그것들 중 눈에 들어오는 것 하나가 "청년에게 힘내라고 말하지 말고 힘을 주세요!"다. 즉 기성세대가 청년에게 힘내고 어쩌고저쩌고, 우리 때는 이러고저러고 하는 말뿐인 권면을 그만두고 도움이 되는 실질적인 대안을 내놓고 실천해달라는 뜻이다.

사람을 관찰하고 사람의 심리를 연구하는 작가이기에 필자는 지하철을 자주 이용한다. 지하철은 교통체증이 심한 서울시내에서 만날 약속을 지킬 수 있고, 걷다 보면 건강에 도움이 되기 때문이다. 운행 중인 지하철에 좌석은 한 칸의 앞뒤로 출구가 있고, 그 출구 앞뒤에 노약자 경로석이 두 칸 있다. 중앙통로 좌석에는

반기문, 남북대화 재개 공헌 준비돼 있다.

각 한 좌석을 임산부 전용석으로 해서 분홍빛 색깔로 구분하여 몸이 무거운 임산부를 배려하고 있다. 출퇴근 시간은 물론이고 보통 오전이나 오후 시간에도 사회고령화로 60대 후반 노인층과 10대부터 20대 초반의 학생 청년층이 지하철을 함께 이용한다.

과거에는 버스나 지하철, 공공 교통시설을 이용할 때 빈 좌석이 나오게 되면, 주변을 살펴 나보다 연장자나 노약자에게 먼저 자리를 양보하는 것이 미덕이었다. 가정교육을 잘 받은 집안의 청년의 상식이라 생각했다. 타인을 배려하는 이 모습을 보고 과거 외국의 언론은 노인을 공경하고 배려하는 대한민국의 유교사상이 보기 좋다며 부러워하기까지 했다.

그러나 요즘은 어떠한가? 내 좌석 앞에 힘들게 서 있는 노인들에게 좌석에 앉아 있는 청년이 자리를 양보하고 싶어도 몸이 말을 안 듣는다. 새벽 일찍 깨어 외국어학원에서 중국어와 영어 등의 언어를 습득하고, 오전에 학교로 가서 강의를 듣는다. 방과 후에는 과외 알바를 하거나 편의점, 주유소, 프랜차이즈 식당 등에서 알바를 하고 학비를 벌어야 한다. 또 취직하기 위해서 직무역량 강화 특강 등을 찾아다니면서 들어야 하고 어렵게 들어온 대학에서 본연의 학문 이외에 새로운 스펙을 만들기 위해 장애인복지단체나 사회취약층에게 봉사하는 프로그램이나 단체를 찾아다녀야 한다.

외국 어학연수는 기본이고 교환학생으로 나갈 길을 사방으로 알아본다. 특별한 봉사 스펙이 없는 학생들은 취업지원서의 사회봉사 경험을 만들기 위해 3만 원의 참가비를 내고 저소득 계층에게 연탄을 2시간 동안 날라주고 그 장면을 인증샷으로 찍어 SNS나 홈페이지, 블로그 등에 올리고 참가 후기를 인터넷 매체나 유사언론에 기고한다. 피곤에 지친 몸을 이끌고 탄 지하철, 자리를 양보하고 싶어도 눈꺼풀이 천근만근이다.

뒤늦게 앞에 선 할머니를 발견한 청년이 자리를 양보하려고 일어나자 할머니가 청년의 어깨를 다독이며 말린다. "다음에 내린다. 너도 힘들 텐데 앉아서 가라. 공부하랴, 취업준비하랴, 너도 힘들지?" 대학의 낭만은 사라진 지 오래고, 학문 탐구는 요원한 일이 되어버렸다.

과거에는 할아버지의 생각이 아버지의 생각이었고, 아들의 생각이었고, 손자의 생각이었다. 유교적 가치관이 지배했던 조선사회와 광복과 한국전쟁 이후 1970~80년대를 거쳐 1990년대 초반까지도 그러했다. 즉 공간을 지배하는 시간의 개념이 동일했으며, 시간은 천천히 아주 느린 속도로 흘러갔다.

그러나 이제는 정보 과학을 바탕으로 하는 4차 산업혁명의 시대로, 빛보다 빠르게 변화하는 세상에서 살고 있다. 1년에도 서너 차례 첨단기능을 탑재한 휴대전화가 개발되고, 상상할 수 없을 정도로 빠르게 진화하는 인공지능의 시대를 살고 있다.

이러한 시간과 공간의 개념 안에서 한국전쟁과 광복을 기억하는 전후세대, 즉 국민소득이 7,000달러 미만이었던 우리의 할아버지 세대, 국민소득이 1만 달러 이상이었던 베이비붐세대 및 386세대, 국민소득이 2만 달러 이상인 대한민국에서 태어나 오늘을 살고 있는 청년세대가 공존한다.

그러다 보니 한 가지 사회현상을 보고도 느끼고 인지하며 공감하는 반응이 다를 수밖에 없다. 이것이 세대갈등이다. 바로 통일에 가장 무서운 적은 세대 갈등보다 더한 세대 무지(無知)다. 그렇기에 통일 문제에 대해, 청년들에게 지도자는 반드시 이야기해야 하고, 그들에게 통일만이 민족부흥의 희망임을 피력해야만 한다.

"현실적으로 답답한 현안 때문에, 감히 그 어떤 기성 정치인들도 청년에 대한 정답이 통일임을, 대한민국의 유일한 희망이 통일임을 강조 하지 않고 있다.

눈앞에 놓여진, 심각한 당면과제도 중요 하다. 하지만, 나무만을 보아서는 안된다. 숲을 보아야 한다. 구백만의 관객을 동원한, 송강호 주연의 영화 관상에서 명대사가 나온다. "난 사람의 얼굴을 보았을 뿐 시대의 모습을 보지 못했오.시시각각 변하는 파도만 본격이지.바람을 보아야 하는데! 파도를 만드는 건 바람인데 말이오."

파도를 만드는 것이 바람이듯이, 대한민국의 만드는 시작도 통일, 완성도 통일이어야 한다.

지금 대한민국의 혼돈의 원인이, 분단 조국이고, 그 해결 또한 분단조국의 통일에 있다.

따라서 반기문만의 청년 비전에 반기문 노믹스에 통일 대한민국이 늘 강조되고, 언급 되어야 한다."

통일이 정말 대박이고 축복일까? 1953년 정전협정이 발효된 이후 64년이 지났다. 남북이 분단된 처절한 상황에서 지금 우리 앞에 있는 현실을 보면 어떤 돌파구가 정답일지 생각하게 된다. 경제가 어려운가? 일자리가 어려운가? 청년 실업, 내수 촉진, 수출 부흥, 이 모든 문제는 통일에 근본적인 답이 있다. 단기적으로도 그렇고 장기적으로도 그렇다.

그렇기에 부드러운 카리스마 외교로 대양세력과 해양세력의 틈바구니에서 반기문만의 통일 드라이로 통일의 초석을 만들어내기를 희망한다. 신창민 박사의 통일은 대박이라는 제안을 기초로 반기문만의 통일 어젠다가 탄생되어 이 땅의 청년에게 새로운 희망을 제시해주길 바란다.

통일은 대박이고 국정 운영에서는 민생문제가 가장 중요하다. 그런데 민생문제가 원활한 궤도를 따라나가기 위하여 기본적으로 통일된 국가의 기틀을 갖추는 것이 선행되는 것이 무엇보다 바람직하다.

수많은 문제의 배후에는 분단이라는 암초가 도사리고 있는 경우가 허다하다. 따라서 새로운 대통령은 시급한 민생문제에 역점을 두는 동시에 통일을 만들어가기 위한 경로를 조금도 소홀

반기문, "북핵 해결 위해 대화는 필수적이며 효과적"

히 해서는 안 된다. 다면적인 입장에서 종합해볼 때 다음 정권에서는 통일의 초석을 실제로 쌓는 데 역점을 두어야 한다. 일반적으로 후임 대통령은 전임 대통령의 시책을 소중하게 여기지 않고 자기 색깔을 내고자 하는 경우를 흔히 본다. 그런데 통일 문제에 관한 한 한번 시작된 틀을 변동 없이 지속적으로 진행될 때 통일에 그만큼 더 근접하게 된다는 점을 염두에 둘 필요가 있다.

전임 대통령이 통일 대박의 구도에 착안하여 북측을 정권과 주민으로 각각 분리하여 대응하는 2트랙 방식을 채택하였다. 그러나 이 방향을 여러 이유로 지속하지 못한 면이 있다. 이제부터는 다시 북한 정권과 북한 주민을 별도 대상으로 보면서 북측 민심을 항상 염두에 두는 2트랙 정책으로 가는 것이 가장 바람직하다고 본다.

우선 이제까지 대두되었던 통일방안을 나열해보겠다. 그러나 이들을 검토해보면 어느 것도 통일까지 이르기에는 방향이 옳지 못하거나 미흡했다는 것을 알게 된다.

- 노태우 정부 이래 박근혜 정부 초기까지 지속적으로 각 정부의 3단계 통일방안(제2단계: 국가연합)
- 김일성의 고려연방제
- 무력통일 방법
- 정치협상에 의한 통일

- 강대국들에 의한 통일
- 중립국이 해답이다.
- 주로 보수진영에서 반공의 길로 통일
- 주로 진보진영에서 평화에 방점을 둔 평화통일
- 북한 정권을 봉쇄, 압박하여 무너지게 만드는 길
- 김정은 제거
- 한 천만 명이 굶어 죽는 상태로 가면서 스스로 무너질 때까지 기다림
- 레짐 체인지(Regime Change, 정권교체)
- 통일은 오직 기도를 통해서만 오게 된다.
- 통일은 문화적 접근으로만 이룰 수 있다.
- 남한이 선진화되어야 통일

이처럼 이제까지 대두된 모든 통일 방안이 하나 같이 통일로 직접 이어질 수 있는 충분한 동력을 구비하지 못한 것이라면, 과연 통일은 불가능하거나 아니면 요원하다는 말인가?

아니다. 우리는 이제 실제로 모든 것이 우리가 하기에 달려 있다는 사실을 새삼 깨달아야 한다. 그 길은 탁상공론이나 허황한 논리가 아니라 실사구시적인 실효성 있는 통일방안이라야 한다.

남북한 통일 지지 유엔 총회 결의 만장일치 채택

실사구시적 통일방안

결론적으로 통일로 가는 효과적이고도 유일한 길은 현실적으로 '통일 대박의 구도'를 따라가는 길이며, 그 길을 착실하게 따라갈 때 우리 겨레는 문자 그대로 이 지구상에서 우뚝 서는 나라를 만들어내게 된다는 엄연한 사실에 주목해야 한다. 통일을 만들어내려면 기본적으로 북측 정권과 주민을 2개체로 보고 2트랙 방식을 택해야 한다. 그 민심에 초점을 맞출 줄 알아야 한다.

사회주의·공산주의를 표방하면서 사실상 1인의 권력 유지만을 위한 북 정권은 존재 의의가 없다. 통일을 향한 힘은 북측 내부에서 나와야 한다. 외부로부터 강제성을 띤 형태로 통일하는 방법은 쌍방 희생이 너무 크거나 안정된 통일 완성이 어렵게 되기 쉽다. 결국 북한 주민들의 손을 따라올 때 실효성 있는 평화적 통일이 가능하다. 민심이 천심이라고 했잖은가. 이를 실사구시 3단계로 요약해보면 다음과 같다.

첫째, 남한 국민들과 해외동포들이 '통일 대박' 구도의 구체적 내용을 이해하고 숙지한다. 이를 바탕으로 통일을 기피할것이 아니라 통일 지향적인 자세를 갖추고 다각적으로 시의적절한 준비와 대비를 해나간다.

둘째, 북한 주민들이 통일 대박의 요체에 관한 정보를 입수하여 그 내용을 이해하고 공감한다. 통일 대박에 따르는 이득이 남의 것이 아니라 바로 자기 자신의 것이라는 데 대한 확실한 인식이 필요하다.

셋째, '통일 대박' 구도를 이해하고 숙지한 북한 주민들이 스스로 자신들의 생각과 힘으로 북한 정권을 정리한 다음 남측의 자유 민주와 시장경제 체제를 따라 남측으로 합류·동화하는 수순으로 가는 것이 정도다. 자유 민주와 시장경제 없는 통일이라면 통일도 통일 대박도 그저 신기루에 불과하다.

통일을 저해하는 요인

통일 대박 구도가 출현하기 전에는 통일 저해 요인이 크게 두 가지가 있었다. 가장 기본적인 문제는 통일 비용이 너무 많이 든다는 부담감이었고, 또 한 가지는 고질적인 남남 갈등 내지 보수·진보 간의 갈등이었다.

그러던 가운데 2012년 7월 《통일은 대박이다》 책이 출간되고 2014년 1월 신년 기자회견에서 "통일은 대박이다"라는 박근혜 대통령의 언급이 있은 다음 1년여 기간을 거치는 동안 통일에 대한 우리 국민의 정서는 놀랍게도 완전히 바뀌기에 이르렀다.

오랫동안 통일이 필요하다는 국민 여론이 50%대 초반에 머무르고, 통일이 나에게 이익이 안 될 것이라고 여기는 국민이 전체의 3분의 2에 이르렀다. 그런데 통일 대박 개념을 발판으로 통일이 필요하다고 생각하는 사람들이 갑자기 80%를 훌쩍 넘기는 경천동지할 일이 벌어진 것이다. 이렇게 되면 통일은 가능하게 된 것이라고 보아도 좋다. 별로 필요치 않은 일이란 구태여 힘들게 해야 할 필요가 없지만, 국민 절대 다수가 필요한 일이라고 판단한다면 그 일은 하게 되어 있다.

통일 대박론이 통일을 비용 부담감 때문에 어렵게 만들던 국민 정서를 획기적으로 전환해 통일을 가능의 영역으로 돌려놓는 역사적 공헌을 한 것이 사실이다.

통일 대박론으로 통일 부담감에서 탈피

통일 대박은 이와 같이 그 효능이 남한에서만 검증된 것으로 그치는 것이 아니다. 전해오는 말에 따르면 통일 대박이란 구도가 출현하면서 북한 당국이 부지불식간에 위축되는 모습을 보인다고 한다. 이러한 현상은 앞으로 나타나게 될 여러 현상을 가늠케 하는 것이기도 하다. 통일이 되려면 통일 대박 내용과 구도가 남북에서 다 같이 위력을 나타내는 단계가 먼저 와야 한다. 이것은 우리가 객관적 사실 인식을 바탕으로 모두 함께 힘을 합쳐 노력하면서 만들어나가야 할 현실적 과제다.

통일 대박론 북측 지역으로 이입 시작

이상에서 언급한 통일 대박의 구도에서 중요한 것 몇 가지를 간략히 간추리면 다음과 같다.

첫째, 북한 내부를 한 덩어리로 보면 안 되며, 정권과 주민을 2원화하여 대처해야 한다. 이것이 바로 통일 대박론의 근저를 관통하는 R이론이다.

그 정권에는 강에는 강, 온에는 온으로 응대한다. 그 주민에게는 군사력을 즉시 직접 증강해주는 일이 아닌 한, 모든 수단과 방법을 동원하여 그들 생활에 실익이 되도록 한다. 그리하여 북한 주민의 민심이 결국 남측의 자유 민주와 시장경제를 동경하는 마음으로 변하도록 만드는 것이 핵심이다. 그 저변에는 통일 대박의 길을 따라오는 필설로는 가늠하기도 어려운 엄청난 규모의 통일 이득이 모두 실제로 남북 국민 모두의 것이라는 사실 인식이 자리 잡도록 하는 길을 따라가는 것이 효과적이다. 이 사실을 북한 주민들이 자기 자신의 일이 아닌 남의 일로만 여기는 한 통일은 없다.

둘째, 통일 전에는 남북 간의 정치군사적인 상태와 무관하게 경제교류 협력이 중단 없이 지속되는 정경분리 구도를 반드시 조속히 시행해야 한다. 북한을 압박한다는 명분 아래 개성공단을 폐쇄하는 것과 같은 악수를 두면 안 된다. 경제는 경제대로 별도

피해 보상 요구하는 개성공단 입주 기업인들

흐름을 따라 양측 당사자 모두에게 실익이 가도록 길을 열어주어야 한다. 그 과정에서 남북 주민 간에 정서 소통이 이루어질 수 있다.

셋째, 통일 후 10년 기간에 걸쳐 북측의 소득이 남측에 근접해오는 수준으로 급성장시킨다. 북측 주민을 남측이 일방적으로 이용하는 데 그치는 형태가 결코 아니다. 북한 사람들도 남한 사람들과 동일하게 잘사는 통일한국의 당당한 국민이 된다는 꿈과 희망을 갖도록 해주어야 한다. 통일 10년 후 통일한국 국민 1인당 소득이 세계 2위가 되는 통일된 국가로 온 국민이 함께 도약하여 사람이 사람답게 사는 격조 있고 품위 있는 세계로 들어간다는 사실을 남북 주민 모두 확실히 인식하는 것이 필요하다.

넷째, 남북 분단 상태에서 저지른 북측의 잘못은 기록하되, 이를 바탕으로 처벌·처형은 하지 않도록 한다. 통일 시점부터 명실공히 모두 하나가 되어 새로운 세상에서 앞만 바라보면서 갈등 없이 함께 나아가는 길을 택해야 한다.

통일 비용과 통일 대박

통일로 만들어가는 올바른 시각을 갖기 위하여 구체적인 상황 인식과 정책 결정이 중요하다. 통일 비용 혹은 통일 자금이란 ① 통일 시 위기 관리 비용, ② 제반 제도 체계 단일화 비용, ③ 남북 지역 소득 격차 감축을 위한 실물자본 투자에 필요한 자금을 말한다. 이 중 ③은 비용이라기보다 사실상 투자다. 소멸되어 없어지는 것이 아니라 국부로 남는 부분이다.

북측 소득 수준을 남측 소득 수준 절반 정도에 근접하도록 만드는 10년 과정을 지난 다음 완전히 혼합하는 길로 가는 것이 바람직하다. 이때 통일 비용의 규모는 매년 남측 GDP의 대략 7% 수준으로 파악해볼 수 있다. 이 규모의 자금을 조달하는 방법은 7% 가운데 2% 정도는 군비절감 전용으로, 1%는 국제금융시장에서 장기저리 차관으로, 3%는 세대 간의 비용 분담이라는 의미에서 국채로, 나머지 1%는 세금으로 충당하는 것이 바람직하다.

이를 바탕으로 얻게 되는 이득은 ① 통일과 함께 분단 비용 소멸, ② 통일 후 10년 동안의 남북 소득 조정기간에 얻게 되는 엄청난 이득, 다른 말로 통일 대박, ③ 통일 대박 기간 후 나타나는 지속적 경제성장으로 대별해볼 수 있다.

이를 좀 더 구체적으로 몇 가지씩 간추려보면 다음과 같다.

소멸되는 분단 비용

1. 과도한 군비지출
2. 군복무로 인한 인적 자산 낭비로 GDP 감소
3. 군복무로 인적 자산 형성 기회 멸실
4. 대륙으로의 통로 차단에 따르는 물류비용 상승 및 대륙 방

향으로의 심리적 거리감
5. 시장 확대로 인한 규모의 경제로부터 얻는 이득 일실
6. 수복될 북측 지역 지하자원 활용 기회를 놓침
7. 북측 지역 명소(관광 등)에 대한 접근 불가
8. 러시아로부터 가스관을 이용한 천연가스 도입 불통
9. 코리아 디스카운트(Korea Discount)
10. 국제금융시장에서 위험 프리미엄(Risk Premium) 등

비경제적 측면에서
11. 이산가족들 통한의 아픔
12. 수시로 발생 가능한 남북 간 무력 충돌에 따르는 인명살상 피해
13. 남북 무력 대치 상황에 기인하는 각종 긴장감에 연유한 피로감
14. 남북 대치 속에 수시로 발생할 수 있는 국민들에 대한 제반 통제에 따르는 불편, 불이익
15. 분단 상태로 말미암은 국가 위상의 약세에 기인하는 각종 국가적 불이익

통일 이득-대박
1. 남측 지역 주민 10년 기간에 매년 11%에 육박하는 지속적

경제성장

2. 북측 지역 주민은 10년 기간을 통하여 남측 경제가 추세성장에 따라 취득하게 되는 소득의 절반 수준까지 근접하도록 남측으로부터 생산을 위한 실물자본을 제공받고 획기적인 경제발전

3. 통일 10년 후 남북 지역이 단일화되면서 지속적으로 나타나게 될 시너지효과

그에 더하여

4. 북측 지역 지하자원 활용
5. 대륙으로 통로 개통 → 물류비용 절감 및 국제경쟁력 강화
6. 시장 확대에 따르는 규모의 경제 실현 및 국제경쟁력 강화
7. 러시아로부터 들어오는 천연가스 활용 등
8. 투자에 따르는 각 단계에서의 승수효과 실현
9. 전 국민의 3분의 1에 해당하는 북측 지역 국민은 필설로 다 할 수 없는 참혹한 생활환경으로부터 세계 최첨단국 국민으로 격상
10. 장기적 차원에서 토지 공개념 도입에 따라 시장실패의 한 요인을 원천적으로 척결하여 보다 나은 시장경제체제 확립
11. 북측 지역을 거의 백지상태로 놓고 그림을 그리듯 미래지향적 경제로 새로이 구축함에 따라 최첨단 생활환경 조성

이 결과로 통일 대박을 얻은 상태에서 세계경제에서 차지하는 통일한국의 경제 비중은 다음 표에서 보는 바와 같이 미국 바로 다음으로 1인당 GDP가 세계 2위가 되는 가슴 벅찬 통일 효과를 얻는다.

〈표〉 한국 통일 10년 후 G7의 1인당 예상 GDP (단위: 달러)

국가	한국 통일 10년 후 G7 각국 예상 GDP	한국 통일 원년 각국 추정 GDP
미국	73,139	60,000
통일한국	62,021	32,000
영국	56,199	49,000
독일	52,452	48,000
프랑스	49,955	41,000
일본	47,457	38,000
중국	〈7,855〉	

즉 통일 당시 남한의 1인당 GDP가 3만 2,000달러 시기라고 가정하고, 각국의 적당한 추세성장을 토대로 예측되는 소득을 기점으로 각각 추세성장의 결과로 나타나는 소득을 점검해보면 〈표〉에서 보는 바와 같다.

영국, 독일, 프랑스, 일본의 1인당 소득수준이 4만 달러 혹은 5만 달러대에 머무는 데 비하여 통일 한국은 6만 달러대에 올라서서 당당한 국가로 입지를 확고하게 굳히는 것이다. 통일이 이렇게도 좋은 것이라면 통일을 실제로 만들어내야 한다. 이를 위해 긴요한 네 가지는 반드시 준비해야 한다.
① 통일 후 10년 동안 경제 분야에 한해 분리 경영 관리
② 바이 코리안 정책(Buy Korean Products Policy)
③ 10년 기간 한시적 군비 절감
④ 북측 토지 등 부동산 원소유주에게 현금 보상 및 토지국유
 제 유지

그런데 이 하나하나가 지극히 어려운 것들이다. 이에 대한 반론이나 반발을 염두에 두면서 각각 간략하게 언급해본다.

통일 대박을 위한 네 가지 필수 요건

이렇게 어마어마한 통일 이득은 통일만 된다고 해서 자연히 얻어지게 되는 것이 아니다. 적어도 다음 네 가지는 확실하게 대비하고 확보할 때 얻을 수 있다. 통일 비용을 줄이고 통일로 얻는 경제적 이득을 최대한 높이는 데 핵심이 되는 정책을 살펴보면, 통일 후 10년 동안 ① 남북을 경제 분야에서만 분리 경영 관리, ② 바이 코리안 정책(Buy Korean Products Policy), ③ 한시적인 군비 감축, ④ 북측 토지 원소유주에게 현금 보상 및 북측 토지 등 부동산 국유제 유지 등이 중심이 된다. 이러한 정책을 순조롭게 실현하려면 사전적으로 국민의 정확한 현실 인식과 그 대책에 관한 공감대 형성 그리고 각각에 대한 구체적 대비가 알맞은 시기에 치밀하게 이루어져야 한다. 이러한 대비와 준비 없이

갑작스럽게 통일을 맞게 되면, 모두 우왕좌왕하는 사이에 국가는 난장판이 되고 말 것이다. 우리는 지금부터 정신을 바짝 차려야 한다.

① 통일 직후 10년 동안 북한을 경제면에서 분리 경영 관리

남북 소득을 조정하는 10년 과정에서 북측 주민들로 하여금 남측 주민들이 낸 세금으로 정부이전 지출을 해서 생활하도록 도와주는 방식을 택해서는 안 된다. 물고기를 직접 잡아서 가져다 바치는 방식보다 물고기를 잡을 수 있는 장비를 주고 기술을 가르쳐주는 길로 가야 한다. 이와 같이 북측 주민들이 스스로 일어설 수 있는 여건을 조성해주는 것이 남측 국민의 부담을 최소화한다.

그리고 오히려 바로 여기에 통일 대박의 기운이 스며들게 되어 있다. 통일 비용을 절감할 수 있는 최선의 방법이다. 독일에서처럼 통일 후 즉시 혼합한 다음 생활비를 보조해주는 사회보장방식을 위주로 한다면, 무엇보다 먼저 단순히 우리 경제적 능력의 범위에서 벗어난다는 것을 깨달아야 한다. 실제로 통일 비용이 거의 2배나 되고, 세금 부담만 따로 본다면 무려 7배 정도로 껑충 뛰어버린다. 세금이 단순히 2배가 아니다.

이와 같이 10년 동안 경제 부문에서만은 분리해 관리해야 하는 이유는 통일 시점에서 북측 주민들을 차별 대우하려거나 통제 지배하려는 것이 아니다. 오히려 북측 주민들이 자존심을 지키면서 자립할 수 있는 여건을 조성해주려는 것이다. 우리 민족은 근면하고 잘살 수 있는 자질을 가진 민족이다. 이런 방법으로 할 때, 모든 북측 주민의 소득과 생활수준을 효율적인 방법으로 단기간에 향상할 수 있다.

분리 관리가 불가피한 데는 또한 다음과 같은 문제점과 이점이 있다.

첫째, 경제발전단계 초기에는 자유시장경제보다 계획경제가 더 효율적으로 작동하는 것을 보게 된다. 현격하게 낙후된 북측 경제를 일정 정도까지 급속하게 끌어올리는 데는 계획경제가 제격이다.

둘째, 북측 주민들은 너무 오랜 세월 고립된 환경에서 살아왔다. 그들이 새로운 환경에 각각 적응하도록 하려면 필요 이상의 힘과 노력이 들 수밖에 없다. 사실상 모든 면에서 완전 적응하려면 분단되어 있던 기간만큼 더 필요할 수도 있다. 이러한 상황에서 같은 문제를 안고 있는 그들을 우선 지역별로 한곳에서 집단적으로 적응 훈련을 받도록 하는 것이 효율적이다. 또한 사회주의의 속성상 그들은 대부분 생산성에서도 현저히 뒤떨어져 있다. 이들에게 생산활동 재훈련 과정에서 개개인을 위하여 일일이 같은 과정을 반복하게 된다면 엄청난 낭비다.

셋째, 통일 후 지역 구분 없이 혼합된 상황에서 일하게 되면 동일한 종류의 일에는 동일한 봉급을 지급해야 한다는 요구가 즉시 나타날 것이다. 그렇다면 생산성 차이가 문제가 된다. 또 그 위에 실제로 임금, 봉급 지급 총액이 과다하게 책정되는 것도 통일 비용 부담을 고려할 때 현실적인 문제가 된다. 그리고 정도 이상의 임금, 봉급을 지급하게 되면 독일에서처럼 오히려 북측 근로자들을 해치는 결과가 되고 만다. 즉 그들이 생산한 것은 품질에 비하여 단가가 높아지므로 잘 팔리지 않는다. 결국 공장이 문을 닫게 되어 실업자로 전락하도록 만들게 된다. 소득조정 기간에는 그들은 그들대로 그들의 생산성에 걸맞은 임금과 봉급을 지급받는 것이 사회 전체의 부담 능력으로 보나 본인들의 결과적인 실속을 위해서나 전반적으로 바람직하다.

넷째, 남측 사람들과 구분 없이 바로 섞이게 되면 현실적으로 생산성에서 격차가 바로 노출되어 현격한 소득 격차가 따른다. 자연적으로 1등 국민 그룹과 3등 국민 그룹이라는 차별화가 확연하게 생길 수밖에 없다. 그러면 결과적으로 예상치 못한 차별 의식과 사회적 갈등이 불거지게 된다.

다섯째, 분리 관리 10년 동안에는 북측 지역에서 노동조합 결성은 불허하는 것이 바람직하다. 생산성 차이도 큰 상황에서 새로운 체제에 익숙하지도 못하면서 자칫 과도한 요구에만 맛을 들여 경제 전반에 지대한 장애요인으로 작용할 수도 있다.

이러한 모든 문제는 분리 관리할 때라야 마찰이 적을 것이다.

요컨대 분리 관리는 비효율성을 피해가면서 통일 비용을 줄일

북한 평양 326 전선공장

수 있고, 경제적 무리수의 발생 소지와 불필요한 사회적 갈등요인을 원천적으로 차단하는 효과가 있다. 이와 같이 통일 후 10년 동안은 분리 관리가 반드시 필요하다. 이것 없이는 성공적 통일이란 단순히 불가능의 영역으로 넘어가버리고 만다.

그런데 남북 분리 관리가 과연 가능하겠는가 하는 회의론을 제기하는 경우가 상당히 많다. 그러나 분리 경영 관리는 다음과 같은 틀을 바탕으로 반드시 만들어내야 한다. 무슨 일이거나 안 된다고 생각하면서 시작하면 되는 일이 없다. 아무리 힘들더라도 꼭 해야 할 일이라면 최선의 방법을 찾아내야 한다.

첫째, 유인효과(Pull Effect)가 있다. 각자의 본래 거주 지역에서 내부로 끌어당기는 힘이 작용하게 된다. 그 이유는, 자기 본래 거주 지역 인근에서 경제가 움직이기 시작하고 일자리가 생겨나는 상황인데, 불확실성 속에 묻혀 있는 다른 지역으로 이동하여 방황할 필요가 없기 때문이다.

둘째, 동시에 바깥으로 나오지 못하도록 안으로 밀어넣는 억제효과(Push Effect)도 함께 작용할 수 있다. 북측 주민들은 거주 이전의 자유가 없는 사회에서 반세기 이상을 살아왔다. 동일한 방식으로 처음부터 당분간 지속적으로 법 규정에 따라 통제받는다 해도 새롭지 않다. 이 역시 주민 억압을 위한 것이 아니고 결과적으로 함께 잘사는 구도를 만들어내기 위한 것이라는 인식을 심어주는 것이 필요하다.

셋째, 그 위에 통일 직후부터 식량, 피복, 의약품 등 생필품과 최소한의 생활보조금 등이 북측 주민들이 본래의 북측 거주 인근 지역을 떠나지 않는 경우에 한하여, 각자의 본거지 가까운 곳에 서만 지급하는 방식을 채택한다. 이것은 현실적으로 매우 강력한 억지력을 발휘하게 될 것이다.

② 바이 코리안 정책

남북 소득조정 기간을 통하여 통일로부터 얻는 이득의 크기를 극대화하면서 동시에 통일 비용 절감과 조달에도 크게 기여할 수 있는 실로 대단히 중요한 정책으로 '바이 코리안 정책(Buy Korean Products Policy)'을 놓쳐서는 안 되겠다. 통일 대박을 만들어내는 가장 큰 비밀은 사실상 바로 여기에 숨어 있다는 점을 밝혀둔다. 이 정책 개발의 모습은 마치 콜럼버스의 달걀을 떠올리게 한다. 생각이 일단 여기에 미치면 별것 아닌 것처럼 생각된다. 그러나 이 부분이 포함된 것과 그렇지 않은 것에서 오는 결과는 하늘과 땅 차이다. 그럼에도 이 부분은 안중에도 없으면서 통일 대박을 입에 올리는 것은 그저 공염불일 뿐이다.

미국도 필요할 때 '바이 아메리칸(Buy American) 정책'을 채택했다. 트럼프 정부에 들어서면서 미국우선주의(America First)를 캐치프레이스로 내걸고 있다. 이번에는 우리가 통일을 성공적으로 완성하는 상황에 처하여 미국, 일본, 중국, 러시아 등 가까운 강대국들로부터 이해와 협조를 구하는 것이 필요하다.

    북측 소득수준을 10년 기간에 걸쳐 남한의 절반에 이르도록 하려면 매년 남한 GDP의 대략 7% 규모에 이르는 실물자본이 북측 지역에 투입되어야 한다. 이 모든 것을 단순히 국제시장 기능에 맡겨놓으면 안 된다. 남한이 모든 것을 관장하고 제공할 수 있도록 하는 것이 긴요하다.

    따라서 통일 이전에 주변 강대국들에 우리의 특수한 사정을 이해시켜나가면서, 결정적으로 기회가 왔을 때 협조를 얻는 것이 필요하다. 통일 후 그들에게 물질적인 원조를 해달라는 것이 아니다. 우리가 스스로 개척하고 해결해나가는 것을 지켜봐주기만 해달라는 것이다. 그리하여 위에서 말한 GDP 7%에 해당하는 실물자본 가운데 적어도 8할 이상이라도 남한에서 생산·조달할 수 있게 되면, 이는 남한 GDP의 5.6%에 해당하는 실물생산량 증가를 의미하는 것이다. 통일자금으로GDP 7%에 해당하는 크기의 유효수요를 바탕으로 남한 경제는 급속한 경제성장의 길로 들어서게 된다.

    이러한 바이 코리안 정책이 과연 가능하겠느냐고 매우 회의적인 시각을 가진 이들을 보기도 한다. 이를 위하여 일부는 우선 우리 내부 규정에 따라 기술적 처리 방법으로 이를 가능하도록 만들 수 있겠다. 그 위에 우리는 통일 시기 전에 우리의 형편과 장래를 위한 구상을 미래 이해당사자가 될 강대국들의 지도자급 인사들 층에서 미리 이해할 수 있도록 하면서 상호 이해의 폭을 넓

혁가는 사전 작업을 꾸준히 할 필요가 있다. 주변 강대국들의 이해를 구하는 일을, 바로 목전에 이해관계가 서로 얽히게 된 상황에서 하려 한다면 이미 늦는다.

이러한 바이 코리안 정책에 따르는 생산 증가 5.6%에 더하여, 일부 군 병력의 산업 인력화에 따르는 생산량 증가 2.4%, 그리고 추세적 성장 잠재력 3% 정도를 합산하면 통일 후 10년 동안 남한 경제는 놀랍게도 매년 11%라는 경이적인 경제성장을 이룩하게 되고, 당당히 일류 선진국 수준으로 도약한다. 이것은 전반적으로 유효수요를 바탕으로 하는 현실적 구도다.

우리가 통일 비용을 놓고 경제적인 이해득실을 아주 간단하게만 따져보아도 분단 비용이 통일 비용보다 크다는 사실을 확인하게 되므로 통일은 하지 않는 것보다 하는 편이 낫다는 결론을 얻는다. 실은 여기에 그치지 않고 경제 불황을 넘어서 획기적인 경제성장까지 더 가져올 수 있게 된다면 누가 통일을 마다하겠는가? 우리는 돈을 쓰는 통일이 아니라 돈을 버는 통일을 만들 수 있는 것이다.

이와 같이 특별한 상황에서 발생하는 특수(特需)에 따라 나오는 순이윤을 얻게 되는 기업들은 그 가운데 일부분을 일반 세금이 아닌 특별기여금(가칭)으로 별도로 납부하도록 한다면 전술한 통일 비용 종류 중 비상사태 대처 위기관리 비용, 제반 제도 체계 단일화 비용 등에 해당하는 소모성 비용을 충당하는 데 일부 활용할 수 있겠다.

③ 한시적 군비 감축

통일 후 남북 소득조정 기간에 막대한 통일자금을 충당해야 하는 상황에서 군비 지출은 GDP의 1% 이내에 머물도록 하는 것이 바람직하다. 여기에서도 물론 미국을 비롯하여 중국, 일본, 러시아 등 세계 강대국들의 이해와 협조가 필요하다. 이 정책이 가능할 때 통일 후 10년 동안 GDP의 7% 통일 비용 가운데 매년 대략 2%에 해당하는 부분을 충당할 수 있다.

일본은 제2차 세계대전 후 수십 년 동안 미국의 보호 아래 자위대 유지 비용을 GDP 1%선으로 계속 유지해왔다. 우리도 통일 후 우선 10년 동안만이라도 군비가 GDP 1% 수준에 머물러도 이변이 일어나지 않도록 하는 데에 긴요하다. 아무도 우리를 군사적으로 넘보지 못하도록 미국, 일본, 중국, 러시아 등 강대국들의 협조를 이끌어내는 외교력을 발휘해야 한다.

그렇다면 비록 한시적이라도 이와 같은 군비 축소가 남한 군부 내부의 반발로 과연 가능하겠느냐고 회의론을 제기할 수 있겠다. 그러나 다음과 같은 구도에서는 큰 문제가 없으리라고 본다.

첫째, 남한 직업군인들은 통일 후에도 직업군인으로서 각자의 직을 계속 유지토록 한다. 군의 하부구조는 통일 당시에는 아직 생산성이 취약한 북측 지역 청년들을 위주로 한다.

반기문·시진핑, 베이징서 회동

둘째, 이 과정에서 병역의무에서 자유로워지는 대다수 남측 청년들은 바로 산업인력화하거나 학업을 지속함으로써 장래의 생산성을 제고할 수 있도록 한다.

결국 젊은이들이 이제 더는 강제로 입대해야 할 필요가 없게 된다.

셋째, 군의 재편 과정에서 과거 북측의 기간병 이상의 병력은 전원 전역시키고, 그들로 하여금 산업 훈련 과정을 거친 후 일반 생산 분야에 종사토록 하는 것이 바람직하다.

넷째, 통일 후 상당 기간 북측 지역에서 군 조직이 뿌리내릴 때까지 남측의 예비역 장성과 장교 대다수가 현역으로 복귀하여 봉사하도록 하는 것이 군 조직을 최단 시일 내에 전국적으로 안착시키는 길이 될 것이다.

다섯째, 이제까지 오랜 기간을 거쳐온 한미 관계를 배경으로, 특히 편의성을 감안하는 차원에서 통일 후 남북 소득조정 기간 10년까지는 물론 그 이후에도 필요에 따라 가급적 상당 기간 미군이 통일한국에 주둔하도록 협력을 유지하는 것이 긴요하다. 이 경우 미군의 주둔 위치는 통일 당시로부터 북상하는 형태로 되지 않도록 한다. 중국이 필요 이상 예민해지는 것은 바람직하지 않다.

여섯째, 이러한 과정을 거치는 가운데 유럽 다자안보협력체제(CSCE)와 같은 동북아 안보협력체제를 확립할 수 있다면 금상첨화가 될 것이다.

④ 북측 토지 현금보상 및 국유제 유지

통일 후 북측의 토지 원소유주에게는 실물 반환이 아니라 현금보상이 답이다. 독일에서는 단순히 원리원칙론에 얽매어 토지 실물반환 정책을 채택했다가 일시에 220만 건에 달하는 소송에 휘말리게 되었다. 또한 과거 남한에서 시행된 토지개혁과 형평성 문제도 있다.

북측 토지제도는 종래같이 국유제를 유지하도록 한다. 그 이후 아주 장기적으로 남측 토지제도를 북측 국유제도로 일원화하는 것이 바람직하다. 토지제도 한 가지에 한해서는 남측으로 단일화가 아니라 북측으로 단일화가 필요하다.

통일 후 북측 토지제도는 현행 국유제도를 그대로 유지하는 것이 중요하다. 그것은 통일 비용을 필요 이상으로 확대하지 않으면서 통일을 성공적으로 마무리 짓는 데도 필수이기 때문이다. 섣부른 사유화 후 이를 대상으로 국가가 필요한 만큼 다시 매입하여 사회간접자본시설 등을 확충하려 한다면 천문학적 단위의 재원이 필요하다. 그리고 무엇보다 통일한국의 경제와 사회 발전을 위한 백년대계 내지 천년대계 차원에서 그러하다. 일정하게 협소한 토지 때문에 일어나는 토지투기는 만인의 적으로 보아야 한다. 이러한 시장경제체제의 결함 보완은 이 지구상에서 현실적으로 오직 우리나라의 경우에만 가능하다. 이로써 우리는 세계에서 상대적으로 가장 모범적인 시장경제체제를 구현해낼 수 있다.

힘들지만 이상 네 가지가 큰 차질 없이 진행되도록 대비하고 준비해나간다면 통일 10년이 지나면서 드디어 통일 대박의 결실을 얻게 된다. 이 사실을 바탕으로 남한 국민이 그동안 통일 비용 때문에 부담을 느끼는 나머지 통일로부터 멀어져가던 국민정서를 통일해야 한다는 쪽으로 선회 해놓게 된다.

그렇다면 통일에서 또 하나의 큰 걸림돌인 보수·진보 간의 갈등은 어떻게 해결하면 될까? 다음에 그 해법을 찾아본다.

남남 갈등 해소의 길

보수와 진보가 각각 역점을 두는 안보와 평화는 두 견해를 갈등관계로 볼 일이 아니라 보완관계로 인식하는 것이 마땅하다. 통일을 궁극적 목표로 하는 데서 올바른 길을 찾으며 힘을 한 군데로 모아 다 함께 통일에 도달하도록 인식의 폭을 넓혀야 한다.

그동안 통일로 가는 동력에서 누수 현상은 크게 두 가지가 있었다. 그 하나는 통일에 대한 경제적 부담감이었고, 다른 하나는 남남 갈등이었다. 그런데 통일에 대한 부담감은 통일 대박이라는 사실 인식에 따라 대체로 벗어날 수 있게 되었다면, 아직 문제가 되는 것은 보수·진보 간의 남남 갈등이다. 남남통합도 못하면서 무슨 남북통합이냐는 것이다.

그런데 이것 역시 명백한 해법을 찾을 수 있다. 남북문제에 대한 보수·진보 간의 충돌은 정책 자체의 상충에서 나오는 것이 아

북한 나선특구 북적, 대북제재 한계

니라 통일의 본질에 관한 이해의 미흡에 따른 것이다.

지금 보수·진보 간에 어느 한쪽이 옳고 다른 쪽이 틀려서 문제가 되는 것이 아니다. 따지고 보면 양측 주장이 모두 각기 반드시 필요한 부분이다. 그런데 양측 모두 결정적으로 미흡한 부분을 채우지 못하기 때문에 서로 어긋나는 것처럼 보인다. 결과적으로 모자라는 부분을 채우는 과정을 거쳐 완성된 두 구도는 서로 다른 모습이 아니라 하나의 큰 흐름 속에 수렴되게 되어 있다. 한마디로 통일 자체를 확실하게 궁극적 목표로 삼으면 된다. 중간 목표만 가지고 서로 다툴 일이 아니다. 이 두 구도가 합치하면서 보수와 진보의 힘이 하나로 결집될 때 통일 동력이 완성된다. 어느 한쪽만의 힘으로는 통일이 불가능한 것이 현실이니 이는 오히려 천만다행이다.

이른바 보수 측의 태도는 반공을 바탕으로 북의 공산세력에 방어적 입장을 취하는 형태로 나타난다. 우리는 어떠한 경우라도 이미 몰락한 공산주의로 갈 수 없기 때문에 이는 당연하다. 물론 반공을 하지 말라는 것이 아니다. 다만 이제는 우리를 지켜내기 위한 방어적·수세적 입장만으로는 부족하다는 말이다. 그리고 분단 관리를 현명하게 한다고 해도 그 역시 충분치 않다. 이제 우리는 통일 자체를 목표로 삼고 힘차게 나아가야 한다.

이른바 진보 진영에는 여러 갈래가 있겠으나, 주로 김대중 대통령의 노선을 따르는 견지에 초점을 맞추어보기로 한다. 상당히 많은 인사가 6·15선언이나 10·4선언을 금과옥조처럼 여기는 것으로 보인다. 그런데 그 선언들의 배경을 보면 통일 자체보다는 평화에 방점이 있다는 점을 간파할 줄 알아야겠다. 평화공존은 평화공존일 뿐이다. 평화공존이 때가 되면 자연히 통일로 이어지리라는 생각을 무의식중에 한다면, 이는 백일몽에 불과하다. 한반도 상황에서 평화공존은 결국 영구분단을 의미할 뿐이다.

많은 진보성향 인사는 평화공존을 위하여 가급적 북한 정권을 자극하지 말고 될수록 서로 편하게 지내는 것이 좋다고 생각할 수도 있다. 그러나 그런 수준에만 머문다면 통일은 오지 않는다. 이 역시 통일 자체에 직접 목표를 두면서, 북측 주민들의 민심이 통일을 결정짓도록 여건을 조성해주는 형태로, 현실적으로 실사구시적인 데까지 생각이 미칠 줄 알아야 한다는 점을 적시하고자 한다.

양측이 각각 주안점을 두는 안보와 평화는 현실적으로 필수조건이면서 동시에 보완적이다. 이에 더하여 각각 통일까지를 목표로 하면서 북측 주민에게 진정성을 가지고 다가갈 때 통일의 물꼬는 트이게 될 것이다.

이리하여 통일이 경제적 부담이라는 국민 정서에서 벗어나고, 보수·진보 간의 남남 갈등이 해소되는 상태에서라면 통일로 가는 데 더는 큰 걸림돌이 없게 된다.

통일을 만들어가는 길

통일은 오는 것이 아니라 우리가 힘을 합하여 만들어가는 것이다. 통일을 만들어가는 길에서 필수불가결의 기본 틀로는 R이론이 적합하다. 북한이라는 대상을 하나로 인식하고 한 가지 대응방안으로만 다루는 것은 잘못이다. 북한 내에는 서로 내용과 목적이 다른 두 개 개체가 존재한다는 것을 명확히 하는 데서 출발한다. 즉 실제로 지향하는 방향이 서로 다른 북한 정권과 북한 주민의 존재를 명확히 구분해보는 데서 출발하는 것이 옳다.

이 시점에서 북한 정권의 유일무이한 목표는 정권 유지 자체다. 이를 위하여 군사강국이 되어야 한다고 믿는다. 그래서 이제는 국가의 캐치프레이스가 '통일'에서 '군사강국'으로 변경되어 나타났다. 1991년 김일성 신년사를 계기로 먹는 통일은 싫다고 발설하면서 공산통일의 꿈은 접었지만, 민심 결집 차원에서 겉으로나마 부르짖던 통일마저도 이제는 아예 확실하게 벗어던졌다. 이제는 핵무기를 바탕으로 하는 '군사강국'이란다. 통일이라는 가식이 이제는 필요치 않게 되었기 때문이다.

북한 주민들은 김 씨 일가 정권하에서 개개인이 인간으로서 의미를 갖는다기보다 단지 국가를 구성하는 숫자에 불과한 것이 현실이다. 1990년대 초중반 수백만 명이 굶어 죽어나갔는데도 그저 고난의 행군이었다는 말장난이 전부였던 사실을 우리는 기억하고 있다.

북한 주민들이 북한 정권을 결사 옹위하는 현상은 세상에 태어나는 순간부터 최고 존엄을 떠받드는 주입식 교육으로 세뇌해놓은 결과이기도 하고, 또한 현실적으로 각 개인의 생존을 위해서는 그 정권의 범위에서 벗어날 수 없게 되어 있기 때문이기도 하다. 이른바 고난의 행군 시절 수백만 명이 굶어 죽어나가는 데도 모든 주민이 그 정권에 매달려 있는 상황에서 굶어 죽은 사람들만 불쌍할 뿐 그 정권은 멀쩡하게 남아 있다.

　이러한 구도에서는 북한 정권과 북한 주민을 분리해 대응하는 정책이 반드시 필요하다. 북한 정권에 대해서는 안보와 사상 대결에서 밀리지 않도록 해야 한다. 북한 주민들에 대해서는 그들 마음속에 자유 민주와 시장경제체제 속에서만 지속적으로 얻을 수 있는 풍요로운 물질세계와 경제적 여유 생활이 그들에게 부러움의 대상이 되도록 유도해나가는 것이 현실적으로 긴요하다.

02

왜 민심인가

　강제적인지 자발적인지 불문하고 북측 주민들이 과거에는 김일성과 김정일, 오늘에 이르러는 김정은과 밀착되어 하나가 되어 있는 한 통일은 불가능하다. 통일하려면 세뇌된 북측 주민들을 김정은에게서 분리하는 일이 가장 긴요한 과제다.

　해방 이후 김일성이 구소련을 배후로 조선민주주의인민공화국을 창설한 이래 북측 주민들은 세상에 태어나면서부터 평생토록 받는 세뇌교육에 따라 심하게 왜곡된 사상, 지식, 인식을 가지고 있다. 이 때문에 이를 세척하지(deprogram) 않고는 통일을 이루는 것이 불가능하다고 볼 수밖에 없다. 따라서 북측 주민들을 탈세뇌하면서 이들이 정상적인 시각을 가질 수 있는 계기를 만들지 않으면 안 된다. 그 과정에서 그들의 민심이 남측으로 향하게 될 때 통일은 가능하다.

우리는 무엇을 어떻게 해야 하겠는가? 가장 중요한 것은 우리가 북측 주민들의 피부에 직접 닿는 수준과 방법으로 '우리는 하나'라는 기본 정서를 바탕으로 하면서 그들 민심(public sentiment, the emotion of the masses)이 자유 민주와 시장경제의 구도 속에 살고 있는 우리를 향하도록 하는 일을 시작하고 꾸준히 지속해나가야겠다. 그 과정에서 우리는 북측 주민들에게 자연스럽게 탈세뇌 현상이 일어나도록 하는 우회적인 역할을 하는 것이다. 통일은 바로 그 탈세뇌로 이어지는 민심을 따라오게 될 것이라는 점에 특히 유의하자. 여기에는 정신적인 면에 더하여 경제 실리적인 면에서의 접근도 함께 가도록 하는 것이 효과적이다.

통일이 앞당겨질수록 통일 비용 부담이 줄어들며, 통일로 말미암아 상상을 초월할 만큼 소득이 늘어나고 누구에게나 넘쳐나는 일자리가 생기게 된다는 연구 결과가 있다. 우리는 통일이 가능하도록 유도하면서 가급적 앞당겨질 수 있는 방향으로 모든 정책을 적극적으로 조율해가야 할 것이라는 데에 국민적 인식과 공감대가 형성되기를 바라는 마음 절실하다.

03

SOC 투자가 북측 민심에 미치는 효과

    북측 주민들을 탈세뇌하며 동시에 그들의 민심으로 다가가는데 특히 자연스러우면서도 효과적인 방법은 북측 지역에 사회간접자본(SOC) 건설을 경직된 조건 없이 시작하고 대대적으로 투자하는 것이다. 통일 전에 북측에 SOC 건설이 들어가는 것은 북측 주민들의 남측에 대한 적대감을 완화하는 역할을 하게 될 것이다. 어차피 통일 후에는 우리가 우선 시행해야 할 부분이기도 하다. 또 통일 후 마무리 작업 진도가 그만큼 빨라지는 이점과 비용 크기 감축이 따라 온다.

    그러나 남북관계를 대하는 시각에서 통일이라는 궁극적 목표보다는 반공적 테두리에 안주하고 있는 인사들은 이러한 방안에 대해 퍼주기는 안 된다거나 종북주의라며 거세게 반발하기 쉽다. 이는 남한에서 반세기 이상 지배했던 냉전논리의 타성에 따른 결과다. 반공 자세를 굳건히 지키고 있다고 해서 통일이 이루어지는 것은 아니다. 우리는 지키기만 하는 자세에서 벗어나 이제는 적극적으로 분단을 극복하는 길로 가서 통일을 만들어내야 할 시점에 와 있다.

SOC 투자의 북측 민심과 관련해 몇 가지를 살펴본다.

탈세뇌

대대적인 SOC 투자는 여러 면에서 북측 민심에 엄청난 충격을 줄 것이다. 우리의 GDP 1%를 통일까지 조건 없이 매년 지속적으로 북측 SOC 기반 건설을 위해 투입한다. 이는 2013년 기준으로 연간 120억 달러 정도가 된다. 북한의 GDP가 대체로 약 300억 달러에 못 미치는 정도라고 볼 때, 이와 같이 북한에 투입되는 SOC 투자는 매년 북한 전체 GDP의 사실상 거의 절반에 육박하는 막대한 규모다.

이러한 대규모 사업이 갑자기 북한 전국 방방곡곡 여러 분야에서 동시다발적으로 진행된다면 북측 주민들에게도 크게 와닿는 것이 있을 것이다. 이러한 자각이 확산되면서 그들에게는 탈세뇌가 시작되지 않을 수 없다.

남측에서 들어오는 대대적인 투자와 접하면서 "미제와 남조선 패당들의 공격을 막아내기 위하여 김정일 위원장님의 대를 이어 위대한 영도자 김정은 제1비서를 결사옹위하고 일치단결하여 공화국을 지켜야 한다"라는 결연한 구호가 무색해진다. 그들의 버팀목이 되었던 방어태세가 졸지에 우스꽝스러운 모습으로 변해 버리고 말게 될 것이다. 그렇게 악독한 침략자들이라면 대대적이고도 지속적인 경제협력으로 그들을 도울 리가 만무하기 때문이다. 이 과정에서 말로만 듣던 남북 간의 막대한 경제력 격차를 직접 피부로 실감하게 된다. 그동안 허구 속에서 부실한 주체사상과 자력갱생으로 세뇌되어 살아온 자신들을 돌아보고, 심한 박탈감마저 느끼게 되는 단계로 접어들게 될 것이다.

이에 대하여 김정은은 김정일과 마찬가지로 미제와 남조선 괴뢰들이 자기가 가지고 있는 핵무기가 무서워서 갖다 바치는 것이라고 둘러댈 수도 있다. 그러나 장구한 세월 속에 계속해서 하늘을 손바닥으로만 가리고 살 수는 없다.

식량 지원 필요성

이러한 SOC 투자에 따르는 바람직한 충격 효과를 극대화하려면 북측에 필요한 어느 정도의 식량 공급도 병행하는 것이 바람직하겠다. 남조선 때문에 먹고사는 문제로부터 지속적으로 자유로워지고 있다는 것을 알게 되면 적개심을 바탕으로 하는 방어 태세에 점차 커다란 변화를 맞을 것이다.

또한 SOC 투자 때 평소 주민들의 마음을 사로잡고 있는 것이 오직 식생활 문제라고 한다면 그 사업 본체는 뒷전이 될 수밖에 없다. 일이 제대로 진행될 수도 없는 노릇이다. 식량이 부족하면 평양과학기술대학 건설 현장에서 보았던 것처럼 투자 자재를 뒤로 빼돌리면서 우선 먹고살 궁리부터 하지 않을 수 없게 될 것이기 때문이다.

지원한 식량을 북한이 군량미로 사용하거나 외국에 팔아먹을 것이기 때문에 식량 지원은 절대로 안 된다고 말하는 사람들도 있다. 그러면 전에 북측이 남측보다 잘살고 식량이 부족하지 않을 때는 왜 남침을 못했던가? 식량이 전쟁의 전부인가? 넓고 길게 보아야 한다.

SOC 투자와 진정성

이러한 규모의 SOC 투자가 남한의 능력을 확실하게 입증하는 것은 물론 남측 주민들의 진정성이 자연스럽게 묻어 들어가면서 감동을 줄 수 있다. 남한에서 북으로 들어가는 이러한 형태의 신뢰 프로세스가 축적되면서 그들에게는 신뢰가 점점 커나가야 한다. 북한 정권은 말로는 모든 인민을 위한다고 하나 실제로는 자기에게 충성을 다하는 사람들을 중심으로 관리할 뿐이다. 그리고 김정은은 미제와 남조선 괴뢰들이 쳐들어온다고 호들갑을 떨면서 북측 주민들을 자기 곁으로 결속시키고 있다.

그러나 남측 주민들은 북측 주민들의 출신성분이나 사람을 차별하지 않고 같은 민족으로서 누구를 막론하고 모두 함께 더불어 잘살자고 하는 차원에서 진정성과 함께 SOC를 가지고 북측으로 향하는 것이다. 이 과정에서 남측에서 성공한 실향민들이 고향 발전에 기여하고자 하는 진정성도 큰 역할을 할 것이다. 그 가운데 김씨 왕조의 이기적 방어전략은 스스로 허물어지는 운명을 맞게 될 것이다.

그동안 철저한 세뇌공작으로 진실을 보지 못하고 살아왔던 것을 자성하고 예상보다 신속하게 탈세뇌 과정을 밟게 될 것이다. 이러한 탈세뇌 과정이 좀 더 효과적으로 진행되게 하려면 북측 지역에 SOC 투자 쏟아 붓기와 함께 전파 쏟아 붓기를 동시에 진행한다면 더욱 효과적인 결과를 얻을 것이다. 따라서 외부 정보 유입은 매우 큰 역할을 하게 되어 있다.

04

성공적인 SOC 투자 방안

　북측 지역에 필요한 SOC 주요 부문으로는 도로, 철도, 항만, 공항, 발전시설, 송배전설비, 방송통신설비, 수도, 도시가스, 지역난방, 중화학공업 개발, 산림녹화 등 수도 없이 많다. 이러한 SOC 건설로 남북 군사력 균형에 곧바로 큰 무리가 가지 않는 한 북측으로 들어가는 SOC 투자는 상당히 다면적인 의미를 내포한다. 오히려 이러한 것들이 미리 시행되는 만큼 통일 비용 부담이 분산된다. 자연히 통일 후 부담은 그만큼 줄어든다. 통일 후 이루어질 작업 기간도 그만큼 단축되는 아주 큰 이점이 있다.
　그리고 이 모든 것보다 더 중요할 수 있는 것은 이 과정에서 보이지 않게 남한 사람들의 진정성이 묻어 들어가게 될 것이라는 점이다. SOC 건설은 김정은의 입지에 다소 보탬이 될 것이겠으나 그보다는 남측에서 북측 주민들에게 보내는 진정성과 남북 간 현실적 격차 자체에 대한 올바른 파악과 인식이 결국 엄청난 효과를 불러올 것이라고 믿는다.

SOC 투자 협력은 지금부터 바로 조건 없이 시작하여 통일이 도래할 때까지 매년 남측 GDP의 1% 수준의 규모로 하는 것이 효과와 부담 능력을 고려할 때 가장 적절하다. 이 역할의 집행은 공사 형태의 민간기관을 설립하여 그 기관에 전적으로 위임하는 것이 바람직하겠다. 이 부분까지 정부가 맡아서 하면 가다 서다 하는 대북정책의 기류 때문에 제약을 받을 수밖에 없게 되어 소기의 성과를 거둘 수 없다.

SOC 건설을 하는 데 유의할 점은 필요한 기자재 등 실물 자본 일체를 남한에서 생산하여 북측 지역에 공급하도록 하는 점이다. 여기에 부수하여 필요한 남한의 기술 지원도 가급적 동반되는 것이 좋다. 물론 이 과정에서 소요되는 단순 노동 부분은 북측 노동력으로 충당한다. 이때 임금 수준은 개성공단 사례를 참고할 수 있다.

이러한 구도로 진행하면서 외형상으로는 남한 GDP의 1% 규모로 하는 것이지만 바이 코리안 정책에 따라 실제 남한 실물 생산과 기술협력으로 남한 경제에 동시에 다시 유입되는 부분을 80% 정도로 한다. 나머지 20% 정도가 북한 주민의 손으로 들어가도록 하는 것이 바람직하다. 그렇다면 남한 경제로부터 누출은 결국 GDP의 1%보다도 훨씬 적은 0.2% 정도 수준에서 그 과업을 달성해낼 수 있게 된다. 여기에다 남한 내부의 장기 파급효과까지 포함한다면 실제로는 그보다도 더 작은 규모의 기여로 결과적으로는 획기적 성과를 얻어낼 수 있다.

우리가 이러한 부분을 소홀히 하면서 지연하다가는 중국에서 들어오는 막대한 자금의 후유증이 훗날 큰 문제가 될 수 있다는 점도 간과할 수 없다. 근래 중국은 북한에 70억 달러 규모에 이르는 투자를 진행하고 있다고 한다. 최근에는 북·중 국경을 연결하는 교량, 도로, 철도망을 위하여 2015년까지 투입한 자금만 100억 달러를 넘을 것이라고 한다. 이는 예사로운 일이 아니다. 오늘에 이르기까지 남북 간 경제협력을 못마땅하게 보는 인사들이 주장하는 이른바 '퍼다 주었다'는 것을 모두 합산해봐야 80억 달러 내외라고 한다면 이번에 중국에서는 그 정도 규모를 일거에 해치우는 셈이고, 앞으로 얼마나 더 나갈지 알 수 없다.

통일 이전 북측에 SOC 건설을 본격적으로 시작한다면 그 재원은 통일세(가칭 남북경협기금)와 통일국채 형태로 한다. 세금은 남측 GDP의 0.25%, 국채는 0.75%에 해당하는 크기로 도합 GDP의 1%에 이르도록 한다. 이 자금 마련은 정부가 주관하여 조성한다. 집행은 정부나 정치권과는 무관하게 남북협력공사(가칭)를 공사 형태로 창립하여 시행한다. 장기 안목에서 전문가들의 지혜를 모아 북한 지역 개발 청사진을 만든 후 그 청사진에 따라 남북협력공사가 독자적으로 재량권을 가지고 지속적으로 집행할 수 있도록 완전한 자율권을 허용하는 것이 효과적인 방법이다.

이와 같이 정부와 협력공사가 역할을 분담할 경우 우리는 북측을 대할 때 그들보다 차원이 높은 곳에서 장기적 관점에서 2트랙 방식으로 포석하며 북측을 이끌어나갈 수 있다. 정부 혼자서 단선적인 정책만으로는 운신의 폭이 지극히 한정된다. 그리고 정부는 정부대로 북한 당국을 상대로 일관성 있는 대북정책을 유지하는 것이 바람직하다. 정부가 정치·군사적 차원에서 북측의 잘못을 바로잡아보겠다고 계속 강경노선을 유지하다 태도를 갑자기 바꾸어 부드러워지는 모습을 보이며 오락가락하는 것도 우스운 모양새다.

이러한 SOC 투자 노선에 대하여 김정은의 집권 연장만 도와주는 꼴이 아니냐고 강하게 반론을 제기할 수도 있다. 전력 사정이 좋아지면 우라늄 핵무기 개발에 도움이 될 것이라는 우려의 목소리도 들린다. 일각에서는 김대중 대통령이 돈을 주었기 때문에 김정일이 우라늄 처리 비용으로 써서 핵무기를 보유하게 되었다고 한다. 물론 도움은 되었을 것이다. 그러나 이는 북측의 핵무기 개발 순서도 모르고 또 김정일이 어떤 사람인지도 잘 모르고 하는 말이다. 그 돈이 없었다면 좀 더 많은 북한 주민이 더 굶어 죽었을 뿐 김정일 손에 핵이 들어가는 것은 변동이 없었을 것이라는 사실을 알아야 한다. 김대중 대통령의 돈이 들어가기 전에 플루토늄으로 만드는 핵폭탄은 이미 완성 단계에 있었다고 보아야 한다.

또한 이 조그만 지역에서 플루토늄으로 만든 핵폭탄과 우라늄으로 만든 핵폭탄을 구분한다는 것이 현실적으로 그렇게 큰 의미가 있는가? 결국 핵무기는 핵무기고, 중요한 것은 핵무기를 보유하고 있느냐 아니냐 하는 것일 수밖에 없다. 이것이 미국을 겨냥하는 것이냐 하는 것은 또 다른 차원의 일일 뿐이다. 너무 지엽적인 문제들만 들먹이며 서로 손가락질한다고 무슨 도움이 되는 것도 아니다.

그렇다면 SOC 건설 제안에 북한 정권은 그 내용을 뻔히 알면서도 받아들이겠는가? 결국에는 못 이기는 척하며 무슨 이유를 달아서든 받아들일 것으로 본다. 그들은 나름대로 마음속으로 '모기장 이론'을 확신할 것이기 때문이다. 즉 그들에게 이득이 되는 부분만 부작용 없이 선별해 취할 수 있다는 것이다. 사실상 북측 주민들은 이 세상에 태어나면서부터 바깥과 단절된 상태로 철저한 세뇌교육 속에서 살도록 만들어진 것이 벌써 수십 년을 지나고 있다. 그들의 자신감이 전혀 근거 없지도 않다. 그러나 결과적으로 과연 단순히 그렇게만 끝나고 말 것인가? 그것은 어느 한

쪽의 소망사항에 그치고 말 것이라는 데 생각이 미치게 된다.

  끝으로 이와 같이 중대한 사안을 놓고는 기밀 유지가 되는 상태에서 논의되어야지 이렇게 공개적으로 모든 것을 노출하면 어찌하는가 하는 우려의 소리도 나올 수 있다. 그러나 여기는 독재국가가 아니므로 독재자가 독단적 판단에 따라 비밀리에 일을 벌일 수도 없다. 국민적 공감대가 바람직한 방향으로 확고하게 이루어지지도 않은 상태에서 기밀 유지부터 신경쓴다면 실제로는 아무것도 없는 것을 마치 무엇이 있는 양 감추려 드는 희극이 된다. 자유 민주국가인 이곳에서 우리 국민이 통일의 주체일 수밖에 없다. 우리가 진지하게 논의하면서 공감대를 이루어내고, 그에 맞는 정치지도자들을 배출해내고 뒷받침해주지 못하면 통일이란 애당초 불가능하다. 구체적 기밀유지는 그다음의 일이다.

05

정경분리정책 필수불가결

　정경분리 구도를 정착해야 통일을 만들어낼 수 있다. 이 구도를 위해서는 사전 정지작업이 필요하다. 우리는 R이론에 따라 북에 존재하는 대상을 2원화하여 2트랙 방식으로 나가는 것이 최선이다. 우선 기본적으로 남북 경제교류 협력은 수시로 변하는 정치상황과는 무관하게 경제논리에 따라서만 중단 없이 일관성 있게 지속되어 나갈 수 있는 구도가 설정되어야 한다. 이러한 기본 틀 없이 가다 서다를 반복하는 과정에서 통일을 추구한다는 것은 뜬구름 잡는 일과 다름없다.
　요약한다면 정권에는 정(政), 주민에는 경(經)으로 분리 대응하는 것이 순리다. 이는 자연적으로 정경분리 방식이라는 모습으로 가야 한다는 결론에 이르게 된다.

 정치·군사 기류와는 별개로 별도의 길을 가는 일관성 있는 경제교류 협력이 필요한 줄은 알면서도 자칫 북측 정권을 이롭게 할 우려가 있다고 보는 관점에서 이를 시행할 수 없다고 말할 수도 있다. 그러나 현재 북한 권부가 핵무기까지도 손에 쥐고 있는 상황에 이르렀는데, 무엇이 더 두렵다고 남측에서 북으로 들어가는 교류 협력을 막겠는가? 핵 실험장에 나타난 경수로 지원 시기의 트럭을 보면서 북에는 실오라기 하나라도 들어가서는 안 된다고 생각했는가?

 이제는 좀 더 큰 안목과 더 큰 자신감을 가지고 대처해나가야 할 때가 되었다. 지금 북한의 경제총력은 남한의 40분의 1에도 못 미친다. 앞으로 그 격차가 점점 더 벌어질 것이 확실하다. 이런 상황에서 우리가 경제적으로 손해 보거나 밀릴까 두려워서 조심하는 것인가? 과거 냉전논리의 타성에서 벗어날 때가 되고도 한참 지났다.

 또 경제문제는 북과 제반 협상과정에서 카드로 쓸 수 있는 것인데, 이렇게 완전히 풀어버리면 어쩌느냐고 자못 협상의 고수인 양 말하는 사람도 있을 것이다. 그런데 이것은 수시로 쓸 수 있는 불쏘시개 종류의 카드가 아니다. 훨씬 더 크게 통일로 가는 길을 결정적으로 열어나갈 큰 틀의 기본 구도로 활용해야 한다. 통일을 만들어낼 핵심 근간으로 아주 크게 쓰일 것을, 그때그때 필요한 방패막이 정도로 잘게 쓰려고 하는가?

06

북한 주민에게 전파 투입 등 외부 정보 유입

통일될 때까지 북측에 대한 SOC 투입을 남측 GDP의 1% 수준으로 조건 없이 진행하기로 한다면 북한의 경제총량 관점에서 규모는 그 지역에 사회간접자본시설을 쏟아 붓는다고 표현할 수 있을 정도의 막대한 크기다.

그런데 이것과 동시에 북측 내부로 마치 폭우처럼 쏟아 붓는 듯한 전파 투입이 대대적으로 이루어질 수 있고, 이로써 북측 주민들이 남한 생활의 실상을 실시간으로 접할 수 있게 되는 상황이 맞물려 돌아간다면 그것은 엄청난 시너지효과를 만들어내게 될 것이다. 이와 같은 전파 퍼붓기를 가능하게 만들려면 물론 인공위성 등 첨단산업의 인프라 구축이 선행되어야 한다. 이는 또한 통일 후 모든 체계를 단일화하는 기초 작업도 된다. 이와 같이 방송통신 분야에서도 SOC 구축을 미리 하는 것은 통일 후 혼란을 그만큼 줄이면서 불필요한 낭비를 방지하는 역할도 한다. 이렇게 통일 후를 염두에 두면서 한 단계씩 쌓는 것은 슬기로운 행보다.

하드웨어 중심의 모든 SOC 투입과 소프트웨어 형태인 전파의 조합은 결국 북측 민심을 근저부터 흔들도록 만들 것이다. 그렇다면 이것이 효과적 전략인 것까지는 수긍된다 하더라도 과연 어떠한 수단을 통하여 무슨 내용을 가지고 전파 퍼붓기를 실행해나갈 수 있겠는가 하는 것이 중요 과제다.

또한 대북 정보유입 강화는 9월 7일 미국 국무부가 의회에 보고한 라디오, 휴대전화, 태블릿 PC, DVD, MP3, 이동식 저장장치(USB) 등 전자통신수단에 의한 대북 정보 유입이 참고가 된다.

현실적으로 북측 정권으로서는 온갖 수단을 동원해 이를 차단하려 할 것이다. 이에 대하여 처음부터 불가능하다는 생각에 사로잡혀 있다면 아무 일도 시작할 수 없다. 그러나 어떠한 난관이 가로막더라도 상대편 방어체계를 돌파해낼 수 있다는 집념을 가지고 임하자. 가능한 길을 조금씩 더 늘려갈 수 있을 것이다.

최근 전자 관련 산업이 하드웨어, 소프트웨어를 막론하고 급속도로 발전하고 있는 가운데 우리가 지향하는 길에 어떠한 모습으로든 종당에는 효과적인 SNS 형태로 유용한 길이 더 나타나리라고 본다. 나날이 새로운 단말기가 아이패드, 스마트폰 형태로 나타나고 또 그 수준을 넘어서서 개발되고 널리 보급되는 상황이 오면 분명 실용적인 통로가 열릴 것이다. 북한에서 휴대전화가 2016년 말경 이미 370만(스마트폰 약 10만) 대 보급에 이르렀다고 한다. 간절히, 그리고 열심히 구하는 자만이 그 결실을 얻을 수 있다. 그리고 이 사업을 추진하는 과정에서 불필요하게 북측 당국자들과 정면충돌하기보다 다자간 협력으로 우회적인 방법을 모색하는 것도 효율적이다.

이러한 구상이 현실화되면 그 내용이나 콘텐츠가 문제가 된다. 이에 관하여는 따로 걱정할 필요 없이 남한의 일상생활과 생각이 꾸밈없이 그대로 전파되도록 하는 것이 최상책이다. 그 과정에서 통일 대박의 구도가 함께 묻어 들어가면 그 효과는 대단할 것이다. 진실보다 더 설득력이 있는 것은 없다. 그 가운데 북측 주민들이 부지불식간에 남한 사람들과 그 사고와 감성체계에서 자연스럽게 같은 흐름으로 들어오게 된다면 그보다 좋은 일은 없다. 그러나 풍선에 삐라를 날려보내는 것처럼 무리하게 상대방의 말초신경이나 공개적으로 자극 하는 직선적인 형태를 취하면 그들의 심금을 울리기는커녕 오히려 역풍만 맞게 되기 쉽다.

북한 주민에게 보내는 전파 투입 내용 가운데 가장 중요한 요체는 통일 대박의 진실을 알리는 것이다. 북한 정권이 잘못되었다고 욕하는 네거티브 전략보다는 북측 주민들이 우리와 함께 모두 잘될 수 있다는 진실을 바탕으로, 긍정적인 길을 통하여 다가서는 것이 훨씬 효과적이라고 본다. 그동안 강성대국이라는 허상 속에서 속고 살아온 그들에게 우리가 가지고 있는 진실을 알리는 것이 쉽지는 않다. 그렇기에 우리의 다각적인 형태의 노력이 필요하다.

07
과학기술 교류협력

이상에서 보여준 조건 없는 SOC 건설을 위한 투자와 폭우처럼 마구 쏟아 붓는 전파 투입에 더하여, 남북 간 과학기술 교류협력은 북측 민심을 우리 편으로 끌어들이는 데 대단히 중요한 역할을 하게 될 것이다. 과학기술 교류협력은 SOC 건설을 위한 자본 투입과 전파 투입 과정에서 상호 보완적인 방향으로 윤활유 역할을 하게 되어 있다.

또한 이는 지식인들 간의 평상시 교류협력이므로, 그들에게 정서적으로 다가가면서 남한 사람들의 진정성과 우월성을 느끼게 해주고 알게 해줄 수 있는 유용한 통로가 된다. 그에 따라 점차로 실생활에 미치게 되는 유익한 효과는 시간이 경과하면서 일반

인에게도 미치게 됨에 따라 북측의 전반적인 민심이 남측을 향하도록 만드는 데 실효성 있는 일익을 담당할 것이다. 그 위에 북측 모든 주민을 안무하면서 통일 부작용을 최소화하게 될 심리적 안정정책을 추진해 북측 민심을 우리 편으로 유도해오는 방법은 반드시 필요하다.

독일 통일의 경우에도 통일의 가장 큰 공로자는 앞선 서독의 과학기술력이었다고 한다. 그러나 현재 우리의 남북한 통일 논의에서 과학기술은 주변적 위치에 머물 뿐 통일의 주요한 촉매 혹은 통일 이후의 주요한 통합기제로는 대접받지 못하는 것이 현실이다. 그동안 과학기술이 정치적 결정의 종속변수로 작용하였기 때문에, 남북한 간의 짧은 해빙이 사라지면 과학기술 교류는 자동으로 중단되었다. 통일을 염두에 둔 새로운 한국 과학기술계의 일대 혁신이 요구된다. 또한 안정적이고 지속 가능한 남북한 과학기술 교류와 협력을 위해 다자간 국제기구를 활용하는 전략이 요구된다.

우선 민족적 차원에서 본 과학기술 교류협력의 필요성과 기대효과를 다음과 같이 정리해 볼 수 있다.

- 남북 간 과학기술 교류협력은 전반적 구도의 관점에서, 우리가 통일을 만들어내는 데 다른 두 전략(즉 SOC 건설과 전파투입)과 함께 필수불가결의 핵심 요소 가운데 하나가 된다는 점이 분명하다.

우리가 통일을 만들어가는 과정에서는 남북 상호 간 신뢰구축을 해나가는 데도 과학기술 교류협력이 음으로 양으로 크게 기여하게 될 것은 물론이려니와, 통일 후에는 반드시 이루어지지 않으면 안 되는 동질성 회복에 현실적으로 큰 도움이 되는 역할을 하게 된다.

남북이 서로 다른 길을 가는 동안 과학기술의 제반 분야에서 이질화의 골이 깊어지면 깊어질수록, 통일 후 단일화 과정에서 치러야 하는 비용은 엄청날 수밖에 없다. 과학기술 교류협력이 통일 전과 후를 포함하여 통일 비용을 절감해주는 효과가 대단히 크다. 과학기술 교류협력을 해나가는 노력은 통일 비용을 줄이기 위한 일종의 선행 투자 역할을 하게 된다. 과학기술 교류협력은 이상에서 살펴본 필요성 위에 다음과 같은 기대효과가 따라올 것으로 예상된다.

과학기술 분야에서 서로 다른 길을 걷고 있는 북한과 남한에는 서로 다른 강점이 존재할 수 있다. 북에서는 기초과학 분야에 강점이 있다면, 남한의 시장 관련 노하우 그리고 필요한 자본과 배합될 때 괄목할 만한 이익을 얻을 수 있다. 남측에서도 북의 강점을 활용하면서 이득을 볼 수 있다. 이와 같이 남북 간의 보완성(Complementarity)을 살려내는 것은 양측에 모두 이득이 되는 윈윈(win-win) 게임이 된다. 그리고 이는 결국 통일한국에서 과학기술 경쟁력 제고를 통한 국가경쟁력 강화로 이어지게 된다.

통일 비용이 감소하는 효과가 있다. 과학기술 교류협력을 통하여 양측에서 서로 이질화 되고 있는 골이 너무 깊어지기 전에 동질성을 회복해나가는 길로 들어선다면, 남북 간의 기술격차를 좀 더 용이하게 감소시키게 되어 결과적으로 전체 이득이 되는 이점을 얻게 된다. 이러한 차원에서조차 퍼주기는 안 된다고 하는 형태의 시각으로는 우리가 크게 치고 나갈 수 없다. 안보는 별도로 다룰 생각을 해야 한다. 모든 것을 섞어놓으면 해법이 안 나온다.

과학기술 교류협력은 직간접적으로 북한의 의식주 문제를 해결하는 데 도움을 주게 된다. 북한은 남이 아니다. 통일되면 명실공히 한 집안이다. 한 집안 식구들이 성장과정에서 잘 먹지 못해서 평생을 안고 갈 체력 약화를 피할 수 없다면, 이보다 더한 비극과 손해는 없다. 체력은 곧 국력과 직결된다. 방치해둔다면 결국 남한에 사는 우리 부담으로 남을 뿐이다. 민족의 장래를 포괄적으로 내다봐야지 당장 목전의 안보만 다루며 매듭짓는 데 만족하고 마는 어리석음은 없어야 하겠다.

북한의 과학기술 능력을 일정 수준 유지하는 효과가 있다. 독일의 경우를 보면 통일 후 과학기술인력의 유출 및 연구기관의 와해는 동독 지역의 경제기반을 무너뜨리는 요인이 되었다. 남북한 과학기술 교류협력으로 북측 지역의 과학기술 인력들이 유지된다면 향후 통일시 북한 경제 재건의 버팀목이 될 것이다.

최근 상황을 둘러볼 때, 특히 북한 핵실험 문제와 도발적 행동에 따르는 정치기류의 경색이 한동안 지속될 수도 있다는 것을 감지하게 된다. 따라서 적극적인 정부 뒷받침이 필요한 SOC 분야와 전파 부분은 가까운 장래에 무난하게 쉽게 시작하기 어려울 수도 있다. 그러나 과학기술 교류협력 분야는 민간 식자층이 중심 역할을 하게 되어 있으므로 적어도 그 통로에 관한 한 좀 더 신축성 있게 다뤄야 한다.

08

통일을 향한 3각 구도

　우리가 북측의 민심을 끌어오는 과정에서 북측 민심이 그 정권에서 분리되면서 이반되도록 하여 종국적으로 통일을 만들어내는 전반적 전략으로 3각 구도(조건 없는 SOC 건설, 폭우처럼 쏟아 붓는 전파 투입, 과학기술 교류협력)를 중심으로 진용을 구성해나가는 것이 절실하게 필요하다고 판단된다. 앞의 두 가지는 일반인을 위주로 하는 것이라면, 과학기술 교류협력 분야에서는 식자 계층을 대상으로 시작해 결국 모든 인민에게 파급되는 대단히 중요한 부분이 된다.
　'통일 3각 구도' 가운데 반드시 선후를 구분할 필요는 없다. 각 부분이 별도로 각기 가능한 길을 따라 추구하면, 결국 이 모든 것이 통일을 만들어내는 데 시너지효과를 창출하면서 모든 에너지가 한곳으로 모이게 될 것이다. 그 가운데 자연히 가장 바람직한 구도는 강력한 SOC 건설을 중심축으로 하고, 전파 쏟아 붓기 전략과 과학기술 교류협력을 양 날개로 하는 3각 구도다. 이것을 앞세워 통일 목표를 향해 꾸준히 앞으로 나아간다면, 그리 멀지 않은 장래에 우리는 민족통일을 얻게 될 것이다.

7

반기문의 말과 글

"그 사람을 알아보는 데 중요한 것은 그가 해왔던 말과 글이다.
먼저 반기문의 수많은 연설문 중 몇 가지를 살펴보자"

01

반기문 유엔 사무총장 국회 연설, '가슴은 한국에, 시야는 세계에'(2006년)

존경하는 국회의장님, 국회의원님 여러분!

국민의 대의기관인 국회에서 소중한 발언 기회를 갖게 된 것을 무한한 영광으로 생각합니다. 저는 내년 1월부터 제8대 유엔 사무총장직을 수행하기 위해 출국하기에 앞서 오늘 의원님 여러분께 고별인사를 드리고 저의 소감도 말씀드리고자 합니다.

먼저 제가 이 자리에 서기까지 국회의장님과 여야 의원님 여러분께서 저를 아낌없이 지원해주신 데 대해 깊이 감사드립니다. 저의 유엔 사무총장 선출은 결코 제 개인의 역량만으로 얻어진 것이 아니었습니다. 가깝게는 의원님 여러분과 정부, 언론을 포함한 온 국민의 뜨거운 성원이 결집되었기에 가능한 것이었고, 멀리 보면 우리나라가 건국 이래 국내외에서 이뤄온 경이로운 업적에 대한 국제사회의 평가에서 비롯된 것이었습니다. 따라서 금번 외교적 개가는 우리 국민 모두의 몫이며, 그간 우리 국민이 온갖 시련을 극복하면서 흘렸던 피와 땀과 눈물의 소산입니다. 이렇게 얻은 것이기에 그 영광은 결코 저 혼자만의 것이 될 수 없으며, 조국을 사랑해온 모든 국민에게 돌려져야 마땅하다고 봅니다.

존경하는 의원님 여러분, 저는 오늘 바로 이 점이 과거의 유엔 사무총장 선출에서는 볼 수 없었던 의미심장한 부분임을 강조하고 싶습니다. 이제 우리나라는 국민적 열의가 뒷받침되기만 한다면 국제무대에서 많은 것을 성취할 수 있는 저력을 갖고 있습니다. 우리 국민은 유엔의 목표와 이상인 평화와 안전, 경제발전, 민주주의와 인권 신장을 가장 단기간에 가장 모범적으로 달성했다는 평가를 받고 있습니다.

저는 지난 2년 10개월간 외교장관으로서 세계 각국을 방문하면서 많은 나라로부터 한국을 자국 발전의 모델로 삼고 싶다는 말을 들을 때마다 오늘의 한국을 일구어낸 우리 국민 앞에 숙연해지지 않을 수 없었습니다.

지금 우리나라는 선진국 진입의 대망을 갖고 있는 한편, 목전에는 21세기의 복잡다기한 도전에 직면해 있습니다.

저는 저의 유엔 사무총장 선출에서 우리의 대망 실현에 유익한 시사점들이 발견되기를 소망하고 있습니다. 먼저, 저의 유엔 사무총장 선출은 한국인은 유엔 사무총장이 되기 어렵다는 우리 스스로의 고정관념을 깨뜨린 것입니다. 금년 2월 우리 정부가 저를 차기 사무총장 후보로 추천했을 때, 많은 사람이 한국은 분단국이고 북한 핵 문제의 당사국이며, 미국과의 군사동맹국이라는 등의 이유로 유엔 사무총장을 배출할 수 없다고 생각했습니다.

그러나 우리는 우리 자신의 국제적 위상을 바탕으로 전통적 지혜의 벽을 돌파할 수 있었습니다. 우리가 21세기의 다양한 난관을 넘어서기 위해서는 우리 자신의 위치와 대상을 새로운 패러다임으로 고찰해보는 창의적 태도가 필요합니다. 이는 스스로를 존중하는 자긍심에서부터 출발될 수 있습니다.

둘째로, 이제 우리는 세계를 향해 마음을 활짝 열고 '세계 속의 한국'을 구현해야 합니다. 이로써 인류의 공동번영과 전 세계적 범위에서의 국익을 동시에 추구해야 합니다. 이를 위해 우리 국민은 사유의 틀을 국제무대로 확대해야 하고 우리 사회는 여러 방면에서 국제적 표준에 접근해야 할 것입니다. 이것 또한 우리 자신에 대한 존경심과 자긍심을 바탕에 두어야 가능하다고 봅니다.

셋째로, 우리의 국제적 역할 확대를 위해 우리의 국제사회에 대한 기여가 더욱 증대되어야 합니다. 우리는 국제사회에 대한 노블레스 오블리주를 능동적으로 떠맡아야 합니다. 최근 우리의 대외원조가 다소 확대되기는 했지만 국제기준에 비추어 아직 적고 지원방식도 시대에 뒤져 있습니다. 유엔 평화유지군에 대해서도 재정 분담에 비해 인적 참여가 매우 미약합니다.

마지막으로, 국제사회에서 우리의 역할 제고를 위해서는 외교역량을 획기적으로 강화해야 합니다. 대통령님의 결심에 따라 최근 외교인력의 보강이 이뤄지기는 했지만, 저는 외교장관으로서 아직 우리 외교역량이 21세기의 거센 도전에 맞서기에는 너무나 부족함을 고백하지 않을 수 없습니다. 물리적인 역부족이 많은 기회의 상실을 초래하고 있습니다.

4,700만 국민의 대표이신 국회의원 여러분, 혹자는 저의 사무총장 선출로 우리에게 돌아온 이익이 무엇이냐고 묻습니다. 저는 한국의 위상을 국제사회에 더 높였다고 답변드릴 수 있습니다.

그럼에도 저의 사무총장 진출이 우리나라에 궁극적으로 얼마나 기여할 것이냐는 사실 저 자신이 아닌 우리 국민 스스로의 마음과 노력에 달려 있다고 봅니다. 우리 국민이 '가슴은 한국에, 시야는 세계에' 두고 행동할 때 비로소 저의 사무총장 진출은 최대의 시너지 효과를 가져올 것이기 때문입니다. 세계는 무궁무진한 기회로써 열린 마음을 가진 사람들을 환영할 것입니다.

저는 이 연설을 마치면 사무실에 돌아가 장관직을 퇴임하고 제가 37년간 고락을 함께했던 동료들과도 석별을 나눌 예정입니다. 그리고 사무총장직 취임 준비를 위해 11월 15일 뉴욕으로 떠나게 됩니다.

유엔에서의 저의 임무는 과거 그 어느 사무총장보다도 막중할 것이라고 합니다. 지난 60년간 미뤄왔던 유엔 개혁을 본격적으로 추진해야 합니다. 냉전 종식 후 다발하고 있는 지역분쟁을 조속히 해소하고, 끊임없는 테러와 비전통적 위협들에 효과적으로 대처해야 합니다. 특히 제가 직접 관여해왔던 북한 핵 문제 해결과 한반도 평화유지에 대해서는 사무총장의 권한을 최대한 활용하여 조속한 시일 내 평화적으로 해결될 수 있도록 기여하고자 합니다.

또한 2015년까지 유엔의 최대 과제가 된 빈곤퇴치에 가시적 성과를 내야 하고 양극화도 막아야 합니다. 민주주의와 인권을 전 세계에 보편적으로 확립시키고, 회원국 간의 다층분열을 화합으로 돌려놓아야 합니다.

솔직히 저는 지금 태산 같은 난제들 앞에 혼자 외로이 서 있다는 심정을 금할 길이 없습니다. 저는 이러한 과업의 실천에 우선 제 개인의 37년간 외교관 경험과 인적 네트워크를 활용할 것입니다. 회원국들로부터 최대의 협조를 확보하기 위해 '화합의 전도사'가 될 것이며, 각국 지도자들의 관심과 정치적 의지를 결집할 것입니다. 그러나 유엔 사령탑이 된 후에도 저 반기문의 원동력은 역시 한국적 정신력이 될 것입니다. 한국인으로서 체화된 근면성실, 조직에의 헌신, 변화를 추구하는 역동성, 시련에 맞서는 불굴의 의지, 극단을 경계하는 중용의 정신을 최대한 발휘할 것입니다. 저는 한국의 사무총장은 아닙니다. 그러나 저는 여전히 한국인 사무총장입니다. 저는 트리그베 리 초대 사무총장이 퇴임하면서 '세상에서 가장 어려운 일'이라고 고백한 유엔 사무총장직을 한국인의 명예와 긍지를 바탕으로 완수해 보이고자 합니다. 그리하여 제가 임기를 마치고 귀국하는 날 국민 앞에 자랑스러운 귀국보고를 올리고자 합니다.

저는 저의 영광을 국민의 승리로 돌렸습니다. 훗날 제가 성공한 사무총장으로 평가된다면 그 공도 역시 우리 국민과 함께 나눌 것입니다. 이러한 맥락에서 저는 감히 저의 책임도 우리 국민과 함께 나눠 갖고 싶다는 말씀을 드리고 싶습니다. 제가 한국인 사무총장으로서 유엔을 21세기의 인류가 희망을 걸 수 있는 조직으로 일신할 수 있도록 의원님 여러분과 우리 국민께서 변함없는 지원과 성원을 보내주실 것을 간곡히 부탁드립니다.

감사합니다.

02

제8대 유엔 사무총장 임명 수락 연설(2006년)

의장님, 사무총장님 그리고 내외귀빈 및 신사숙녀 여러분!

여러분의 아낌없는 축하와 격려에 깊이 감동받고 고무되어 이 자리에 섰습니다. 저를 믿어주신 회원국 여러분께 끝없는 감사를 표합니다. 그 신뢰를 저버리지 않겠다는 굳은 결심을 하며, 저는 겸허한 마음으로 이 훌륭한 조직, 즉 우리 유엔의 8번째 사무총장직을 수락합니다. 저를 강력히 지지해주신 모든 회원국의 지도자와 국민께 깊은 존경과 경의를 보냅니다.

오늘의 이 자리를 마련하고 살펴주신 의장님께 감사드립니다. 성공적인 회기(會期)를 위해 현명하게 총회를 이끄시는 의장님을 도와 함께 일할 것을 생각하니 가슴이 뜁니다.

의장님, 저는 역대 사무총장님들의 훌륭했던 발자취를 따르고 있습니다. 그분들 역시 이 순간을 경험하셨습니다. 각각이 유엔의 역사에서 중대한 전기에 있었습니다. 오늘의 저와 같이, 그분들 역시 이 역동적인 조직의 타륜을 잡으며, 다가올 날들에 관해 숙고했음이 분명합니다. 그분들 모두는 인간성의 가장 깊은 가치와 가장 높은 열망을 지켜내기 위한 우리의 공동과업에 중요하고 지속적인 기여를 했습니다.

특히 코피 아난 사무총장님, 당신은 깊은 통찰력으로 유엔을 21세기로 잘 인도했습니다. 또한 유엔이 세계의 평화와 번영과 인간 존엄성에 진정으로 필수불가결한 존재가 되도록 하겠다는 야심 찬 목표를 세우셨습니다. 당신의 용기와 비전에 우리는 큰 빚을 지고 있습니다. 저는 당신의 업적을 계승해나갈 결심을 합니다.

존경하는 대표단 여러분, 여러분은 차기 유엔 사무총장의 선임을 신속하게 완료해주셨고, 이것이 전례 없는 기회를 열었습니다. 후임 사무총장에게 충분한 준비기간이 주어졌던 적은 단 한 번도 없었습니다. 여러분은 제게 두 달 이상의 시간을 주셨습니다. 이 기간에 저는 우리의 공동목표, 즉 유엔을 개혁하고 새로운 활력을 불어넣는 일을 계속 추진할 최선의 방법에 관해 폭넓은 자문을 구하겠습니다. 여러분의 염려와 기대와 충고에 진지하게 귀 기울일 것입니다.

존경하는 대표단 여러분, 40년 전 세계를 위해 훌륭한 봉사를 펼치신 우탄트 사무총장님에 이어 제가 아시아인으로는 두 번째로 유엔을 이끌게 되었다는 점에 깊은 자부심을 느낍니다. 창설 70돌의 유엔을 이끌어갈 차기 사무총장을 찾기 위해 여러분께서 다시 아시아로 눈을 돌리셨던 것은 참으로 적절했습니다. 아시아는 역동적이고 다양합니다. 또한 세계를 위해 좀 더 큰 책임을 맡을 수 있기를 열망하고 있습니다. 이만큼 달려왔고, 또 여전히 떠오르는 아시아는 우리 시대의 성장과 도전의 모습을 충분히 대변하고 있습니다.

아시아는 겸손을 미덕으로 여깁니다. 하지만 겸손은 행실에만 국한됩니다. 비전과 목표에서는 아닙니다. 겸손은 결코 헌신이나 리더십의 부족을 의미하지 않습니다. 오히려 너무 많은 팡파르 없이 과업을 완수하는 조용한 결단력입니다. 이것이 아마 아시아 성공의 열쇠인 동시에 유엔의 미래일 겁니다. 사실 유엔은 그 수단에 있어선 겸손합니다. 하지만 그 가치에 대해선 아닙니다. 우리는 말은 더욱 겸손하게 해야 하지만, 실천은 그렇지 않습니다. 유엔의 성공을 가늠하는 진정한 척도는 우리가 얼마나 많은 약속을 하느냐가 아니라, 우리를 필요로 하는 이들을 향해 얼마나 빨리 달려갈 수 있느냐입니다. 유엔의 항구적 목적과 고무적 원칙을 소리 높여 예찬하거나 그 덕목을 선전할 필요는 없습니다. 다만 그것을 매일 실천하는 것이 중요합니다. 하나씩 하나씩, 계획에서 계획으로, 임무에서 임무로 말입니다.

　의장님, 유엔에 대한 필요가 넘쳐나고 있습니다. 이것은 단지 유엔의 변함없는 타당성뿐 아니라 유엔이 인간 존엄성의 향상에 중추적 역할을 하고 있음을 증명합니다. 과거 어느 때보다도 유엔이 더욱 필요할 때입니다. 지난 세기 유엔의 핵심 사명은 국가 간 분쟁을 막는 것이었습니다. 새로운 세기에 들어선 지금, 그 임무는 국가 간 시스템을 강화함으로써 새로운 도전들 안에서 인간성을 높이는 일이 됐습니다. 발칸반도에서 아프리카까지, 아시아에서 중동에 이르기까지, 우리는 올바른 통치의 약화나 부재를 목격했습니다. 이것은 인권의 유린과 오래 이어온 인도주의 원칙들의 포기로 이어집니다. 유엔은 '우리, 즉 인류'를 위해 창설됐습니다. 그 목적에 부합하기 위해서는 유능하고 책임감을 지닌 국가들이 필요합니다. 그리고 유엔을 떠받치는 세 개의 기둥인 평화와 번영과 인권이 동등한 수준으로 함께 발전되지 않는 한, 세계인들은 완전한 도움을 받지 못할 것입니다.

　모두를 위한 평화와 번영과 존엄의 세상을 만들기 위해 우리가 반드시 닦아야 할 길에는 함정들이 많습니다. 사무총장으로서 저는 유엔 헌장이 제게 부여한 권한과 여러분이 제게 위임한 권리를 최대한 활용할 것입니다. 인권이 취약한 회원국을 보호하고, 국제안보와 지역안정에 위협이 되는 요소들을 평화적으로 해결키 위해 구체적인 일들을 부지런히 해나갈 작정입니다.

의장님, 이처럼 늘어나는 임무와 기대를 충족키 위해 우리는 유엔 역사상 가장 대대적인 개혁의 노력을 해왔습니다. 그 개혁의 규모가 크기 때문에 회원국과 유엔 사무국 모두의 관심과 열정이 필요합니다. 하지만 방향을 잃지는 말아야 합니다. 인적 자원, 제도적 자원, 지적 자원 등을 규합하고, 그것을 올바로 체계화해야 합니다. 우리는 '밀레니엄 개발목표'를 달성하고, 평화유지 활동을 확대하며, 테러의 위협과 대량살상무기 확산 그리고 에이즈 및 기타 유행성 질병들로부터의 위협을 해소하고, 환경파괴와 긴급한 인권문제에 놓인 우리의 소명을 반드시 수행해야 합니다.

개혁은 남을 위해 하는 것이 아닙니다. 우리가 유엔의 가치를 높이 평가하기 때문에 하는 것임을 명심해야 합니다. 유엔의 미래를 믿기 때문에 개혁을 하는 것입니다. 우리의 공동 노력에 새 생명을 불어넣기 위해서는 우리의 믿음부터 새로이 해야 합니다. 단지 유엔의 활동 안에서뿐 아니라 국가 상호 간에도 말입니다. 우리는 유엔은 물론 스스로에게도 더욱 많은 것을 요구해야 합니다. 불신의 안개를 뚫고 가기 위해서는 더 많은 진지한 대화가 필요합니다. 모든 것을 한번에 바꿀 수는 없습니다. 하지만 우리가 현명하게 선택한다면, 그리고 투명하고 유연하고 정직하게 협력한다면 몇 개 분야에서 진전을 이룰 것이며, 이는 더 많은 분야에서의 발전으로 이어질 것입니다. 오직 회원국들만이 유엔에 새

생명을 불어넣을 수 있습니다. 저는 항상 여러분을 돕고 지원하기 위해 그곳에 있을 것입니다.

프랑스어 연설

의장님 그리고 존경하는 대표단 여러분, 저의 사무총장 사무실은 열려 있을 것입니다. 그러나 개방적인 동시에 책임감이 있을 것입니다. 자유로운 의견과 비판의 상호교환을 통해 합의를 도출하려 노력하겠습니다. 오직 진솔하고 열려 있는 생각과 제안의 검토를 통해서만 우리는 인류를 섬기는 좀 더 나은 방법을 찾을 수 있습니다. 저는 만나기 쉬운 사람이 될 것입니다. 또한 모든 사람들에게 적극적으로 다가갈 것입니다. 특히 모든 인류에 좀 더 가까운 유엔을 만들기 위해, 저는 대화를 통해 시민사회와 넓게 교감할 것입니다. 저는 유엔의 선한 목표를 위해 후원단체와 경제계, 기타 전 세계 시민사회 구성원들의 적극적인 지원과 참여를 구할 것입니다. 제 임기는 다리를 놓고 분열을 메우기 위한 노력으로 점철될 것입니다. 지금까지 저는 분열이 아닌 조화의 리더십으로 그리고 명령이 아닌 본보기의 리더십으로 잘 이끌어왔습니다. 사무총장으로서 저는 이 원칙들을 계속 지켜나갈 각오입니다.

저는 앞으로 유엔사무국의 운영을 전적으로 책임지게 됩니다.

회원국들은 유엔이 할 일을 정하고 필요한 자원을 제공합니다. 만약 일을 해나가기 위해 손에 든 자원이 부족하다 판단되면 주저 않고 여러분께 요청드릴 것입니다. 그러나 우리 사무국이 일단 하나의 짐을 짊어지기로 결정한다면, 그다음엔 모든 책임을 지고 임무를 제대로 완수하겠습니다.

의장님, 유엔 사무국의 직원들은 세계 최고 수준입니다. 저는 그들과 함께 일하길 고대합니다. 매일 밤낮으로, 종종 위험과 개인적 희생을 감수하며 유엔을 섬기는 이 유능하고 용감하며 헌신적인 직원들께 깊은 존경과 감탄을 보냅니다. 저는 그들이 일을 제대로 할 수 있도록 최대한의 지원과 헌신 그리고 결속을 약속하겠습니다.

직원들이 이 자랑스러운 유산을 지켜나가는 동시에 최고의 전문성과 성실성을 적극적으로 보여주게 하는 것이야말로 제 임기 최고의 목표가 될 것입니다. 사무국 개혁의 목적은 그들에게 징벌이 아니라 보답을 주는 것입니다. 이렇게 할 때 그들이 갖고 있는 재능과 기술, 경험과 헌신이 아마도 충분히 동원되고 적절히 활용될 수 있을 것입니다. 사기진작을 위해 노고와 실력에 보답하고, 모두가 자신의 행동이나 태만에 책임지도록 하며, 여성의 참여기회가 더욱 늘어나도록 강력히 추진하겠습니다. 특히 고위급에서 이를 이루겠습니다.

이것이 제 나침반이 될 것입니다. 이를 지침삼아 사무국 직원들과 함께 유엔을 섬기고 저희 능력의 최대치를 보여드리겠습니다.

여러분의 사무총장인 저는 완벽과는 거리가 먼 사람입니다. 각국을 대표해 참석해주신 여기 모든 분들의 아낌없는 지지와 협력에 신뢰를 필요로 합니다. 하지만 저는 제 마음을 다해, 제 최고의 능력으로 여러분을 잘 보필할 것을 약속합니다. 저는 겸손으로 최상의 결과를 내겠습니다. 솔선수범으로 이끌 것입니다. 약속은 지키기 위해 존재합니다. 이것이 제 평생의 신조입니다. 약속을 이행하는 유엔을 만드는 데 기여하는 모든 회원국들과 함께 협력하며, 저 역시 제 약속을 지키겠습니다.

의장님, 제 마음은 저를 이 자리로 보내준 제 조국과 국민에 대한 감사로 넘칩니다. 전쟁에 찢기고 빈곤한 대한민국에서 어린 시절을 보낸 제가 이 연단에 서서 이처럼 엄청난 책임을 맡기까지는 참으로 긴 여정이었습니다. 그러나 저는 그 길을 걸어올 수 있었습니다. 왜냐하면 유엔은 대한민국의 가장 어두운 시기에 한국 국민과 함께 있었기 때문입니다. 유엔은 우리에게 희망과 음식 그리고 안전과 인간에 대한 존엄을 주었습니다. 우리에게 좀 더 나은 길을 보여주었습니다. 그래서 오늘 저는 집에 온 느낌입니다. 많은 거리와 시간을 여행해왔음에도 말입니다.

한국 국민에게 유엔의 깃발은 다가올 좀 더 나은 미래의 등불이었으며, 지금도 그렇습니다. 그 믿음을 보여주는 예화들은 수없이 많습니다. 저도 하나 갖고 있습니다. 1956년, 냉전이 세계를 휩쓸던 시절이었습니다. 당시 열두 살 소년이었던 저는 초등학교를 대표해 웅변대회에 참가했습니다. 당시 유엔 사무총장이었던 다그 함마르셸드에게 드리는 글이었습니다. 우리는 그가 자유와 민주를 위해 싸우는 먼 유럽 어느 나라의 국민을 돕도록 종용했습니다. 저는 그 메시지의 좀 더 깊은 의미는 거의 이해할 수 없었습니다. 그러나 도움이 필요한 그때, 그곳에 유엔이 있음은 알았습니다.

그로부터 50년이 흘렀습니다. 세계는 더욱 복잡해졌고, 주목해야 할 사람들도 훨씬 늘었습니다. 그동안 저는 세계를 많이 여행했습니다. 수많은 사람들의 삶을 향상하는 유엔의 성공을 보며 가슴이 뿌듯했습니다. 그러나 실패의 광경을 목격하는 고통도 맛봤습니다. 너무 많은 곳에서 유엔의 태만 혹은 너무 힘없고 뒤늦은 행동에 경악을 금치 못했습니다. 이제 저는 그런 환멸을 추방할 각오입니다.

저는 솔직히 요즘의 청소년들이 유엔이 그들을 위한 좀 더 나은 미래를 만들기 위해 열심히 노력한다는 사실을 알면서 자라기를 희망합니다. 사무총장으로서 저는 청소년들의 희망을 포용하고 그들의 호소를 경청할 것입니다. 저는 낙관론자입니다. 또한 유엔의 미래를 대단히 희망적으로 봅니다. 더 많이 그리고 더 좋은 도움을 줄 수 있는 유엔을 위해 우리 모두 힘을 합칩시다.

경청해주셔서 감사합니다.

03

유엔 사무총장 취임 선서와 연설(2006년)

나, 반기문은 충성을 다해 지각과 양심을 갖고 유엔 사무총장으로 나에게 부여된 임무를 다할 것을 엄숙하게 선서한다. 또한 오직 유엔의 이익만을 위해 사무총장의 임무를 이행하고 나의 행동을 단속할 것을 선서한다. 그리고 나의 의무를 수행하는 데 있어 어떤 정부나 유엔 외부 기관으로부터 지시를 구하거나 받아들이지 않을 것임을 엄숙히 선서한다.

존경하는 유엔 총회 의장님, 사무총장님, 안전보장이사회, 경제사회이사회, 신탁통치이사회의 의장님들, 제56차 한승수 유엔 총회 의장님, 부의장단 여러분, 내외귀빈과 신사숙녀 여러분, 친

애하는 새로운 동료 여러분 축하해주시니 진심으로 감사합니다. 유엔 총회 의장님 그리고 코피 아난 사무총장님, 제가 앞으로 짊어져야 할 책임을 통감하는 이때, 진심어린 격려의 말씀을 해주시니 얼마나 큰 힘이 되는지 모르겠습니다.

오늘 저는 막 낭독을 끝낸 선서를 마음 깊이 새기며 여러분 앞에 서 있습니다. 성실과 분별과 양심. 앞으로 사무총장의 직무를 수행하는 데 있어 이 세 가지 원칙과 유엔 헌장을 항상 깊이 명심하고 있겠습니다.

코피 아난 사무총장님, 당신이 '세상에서 가장 영예로운 직업'이라 말씀하셨던 그 일을 저는 이제 더 겸손한 마음으로 계승하려 합니다. 그 존경스러운 발자취를 따르는 것은 영광입니다. 오늘 사무총장님이 받으신 수많은 찬사에 저의 목소리도 보탭니다. 그 모든 칭송이 충분히 근거 있는 것입니다. 사무총장님은 재임 기간에 높은 이상과 고귀한 열망 그리고 용감한 결단을 이어오셨습니다. 당신의 용기와 비전은 세계를 감동시켰습니다.

어려운 시기임에도 사무총장님은 유엔을 잘 이끌어, 흔들림 없이 21세기로 인도해주셨습니다. 유엔과 인류의 삶에 새로운 연결고리를 만들어주셨습니다. 그리고 제가 그 훌륭한 유산을 이어갈 준비를 하는 동안 이례적이리만큼 지혜와 조언을 아끼지 않으셨습니다.

임명 과정이 일찍 끝난 덕분에 저는 취임에 앞선 준비기간을 두 달 이상이나 갖는 전례 없는 특권을 향유했습니다. 이 기간의 대부분을 저는 미래의 동료들, 즉 대표단 여러분과 국제연합 사무국 그리고 더 넓은 의미의 유엔 가족의 말씀을 귀담아 듣고, 그들로부터 배우는 데 썼습니다.

저는 유엔의 도처에서 투철한 프로의식과 헌신 그리고 노하우를 직접 체험했습니다. 그들은 종종 어려운 환경에서, 가끔은 위험을 무릅쓰고 매일 유엔을 위해 일합니다. 이를 도약대로 삼아, 심지어 저는 더 유능하고 용기 있는 분들과도 함께 일할 것을 기대합니다.

오늘날, 평생을 국제적 공무에 몸바쳐온 코피 아난 사무총장님의 헌신에 찬사를 보내는 이때, 우리는 또한 소명 그 자체에도 경의를 표하지 않을 수 없습니다. 그 길은 좁고 가파릅니다. 나라의 국경과 당파의 이익도 초월해야 합니다. 그 길에서 많은 이들이 휘청거립니다. 혹은 더 쉬운 방편을 택하기도 합니다. 그러나 유엔 헌장의 항구적 목표와 원칙에 매료된 전 세계의, 다양한 신념과 다양한 환경의 많은 젊은이들은 여전히 이 거친 길을 걷길 갈망합니다.

존경하는 대표단 여러분, 저의 핵심 과제 중 하나는 가끔은 무기력한 유엔사무국에 새로운 활력을 불어넣고 자신감을 공고히 하는 일입니다. 사무총장으로서 저는 직원들의 재능과 기술을 발전시키고, 그들의 경험과 전문성이 최대한 적절히 쓰일 수 있도록 하겠습니다. 인력관리와 경력개발의 체계를 개선하고, 훈련과 이동의 기회를 줄 방법을 모색하겠습니다. 유엔이 수행하는 범세계적 역할은 점점 많아지고 있습니다. 따라서 그 직원들도 더 많은 기동력과 다기능을 갖추어야 할 것입니다.

 이와 함께 저는 윤리적 기준을 최고 수준으로 높일 것입니다. 유엔의 명성은 유엔의 귀중한 자산 중 하나이자 가장 실추되기 쉬운 것이기도 합니다. 유엔 헌장은 그 직원들에게 고도의 효율성과 역량 그리고 정직성을 요구하고 있습니다. 저는 우리가 이 기준에 부응하고 있다는 굳건한 명성을 세우고 지켜내기 위해 최선을 다할 것입니다. 제가 먼저 솔선수범하겠습니다. 이렇게 저는 직원들의 사기와 직업정신 그리고 책임감을 높이기 위해 노력할 것이며, 그 결과로 회원국들을 더 잘 살피고, 유엔에 대한 신뢰를 회복시킬 수 있을 것입니다.

프랑스어 연설

 의장님, 내외귀빈 그리고 신사숙녀 여러분!
 마찬가지로 우리는 유엔 헌장과 1945년 샌프란시스코 연합국 회의 준비위원회에서 공표된 유엔사무국과 회원국들과의 관계를 잘 상기해야 합니다. 유엔 창립문서 어디에서도, 어떤 관점에서도, 사무국이 회원국으로부터 반드시 독립적이어야 한다는 내용은 없습니다. 사실 회원국 없이는 사무국과 유엔 조직 자체도 의미나 목적이 없습니다.

회원국은 역동적이고 용기 있는 사무국을 필요로 합니다. 수동적이고 위험을 피하려는 사무국이 아니라 말입니다. 사무국과 회원국들 사이에 새로운 관계가 정립되는 시대가 열릴 것입니다. 불신과 무례로 점철된 암흑기가 너무 오랫동안 지속되어왔습니다. 허심탄회하게 진심을 말하는 것에서부터 새롭게 시작할 수 있습니다.

한번에 모든 것을 바꿀 순 없습니다. 하지만 몇몇 부분에서 진전을 만들어나갈 수 있습니다. 이것은 더 많은 부분의 발전으로 이어집니다. 이를 위해서는 진지하고 지속적인 대화가 필요합니다. 우리는 함께 투명하고, 유연하고, 정직하게 일해야 합니다. 열린 마음으로 시작해야 합니다. 동료들과 회원국들 모두 이제 이런 정신으로 저와 함께하길 요청하는 바입니다. 여러분도 저와 같은 기대를 할 권리가 있습니다.

오늘 약속드렸다시피, 저의 단 하나 의무는 유엔과 유엔헌장 그리고 192개 회원국에 대한 것입니다. 반드시 모두가 경청해야 합니다. 궁극적으로 사무국과 회원국들 모두는 '우리, 즉 인류'에 책임이 있습니다. 만일 우리가 일부의 이익만을 위해 일하고 다른 이들의 절박한 처지를 무시한다면, 세계 시민들은 더 이상 유엔을 존중하지도, 사무총장을 용납하지도 않을 것입니다. 함께 모여, 우리는 더 잘할 수 있습니다. 더 잘해야만 합니다. 인류의 미래는 여기에 달려 있습니다.

우리 유엔을 떠받치는 세 개의 기둥은 안보, 발전, 인권입니다. 이것을 공고히 함으로써 인류의 후손을 위해 더욱 평화롭고, 더욱 윤택하고, 더욱 정의로운 세상을 만들 수 있습니다. 그 목표의 달성을 위해 우리의 힘을 모으는 데 있어, 저의 최우선 과제는 신뢰를 회복하는 일입니다. 저는 화합과 중재의 역할을 수행할 것입니다. 그리고 여러분 모두에게, 회원국과 직원분들 모두에게 열려 있고, 열심히 일하며, 경청할 준비가 된 사무총장으로 인정받게 되길 원합니다.

유엔이 소명을 다하기 위해 그리고 진정으로 하나 되기 위해 저는 할 수 있는 모든 일을 할 것입니다. 전 세계 정말 많은 사람이 유엔을 신뢰토록 말입니다. 이것은 인류 역사에 아주 특별한 일입니다.

감사합니다.

04

유엔 사무총장 사임 연설(2016년)

큰 환대의 말씀과 신뢰를 표현해 주셔서 감사합니다. 칭찬의 말씀에 깊은 감명을 받았습니다. 이 훌륭한 조직의 사무총장으로 일하는 것은 나의 생애에서 큰 특권이었습니다.

일부 여러분들이 말한 바와 같이, 나는 유엔의 아들입니다. 한국 전쟁 이후, 유엔의 원조가 우리를 먹여주었습니다. 유엔의 교과서가 우리를 가르쳤습니다. 유엔의 세계적인 결속력을 통해 우리는 혼자가 아님을 알게 되었습니다. 개인적으로 유엔의 힘은 결코 추상적이거나 학문적인 것이 아니었습니다. 이는 내 생애의 이야기이며, 다수 한국인의 이야기 입니다. 이는 수백 만의 사람

반기문 고별연설

들, 전 세계의 수 백만의 사람들, 다수의 어린이, 소년과 소녀들의 이야기입니다.

이러한 깊은 인식은 유엔 재임 기간 중 매일 더욱 확고해졌습니다. 지난 10년 동안 용기 있고 헌신적이며 재능이 있는 유엔의 수많은 여성과 남성들과 함께 일할 수 있어서 영광이었습니다. 우리의 가장 시급한 과제들에 대응함에 있어 국제 협력의 힘을 발견할 수 있었습니다. 또한, 유엔이 우리 세상의 변혁을 돕기 위해 민간사회와 여러 파트너에게 문을 더 활짝 여는 것을 보았습니다.

이와 함께, 우리는 난제들로 가득 찬 해들을 직면하였습니다. 경제 대공황 이후 최악의 경제 위기. 분쟁의 발발과 자유를 위한 반란. 전쟁, 박해, 기근을 피해 달아나는 기록적인 수의 사람들. 질병으로 인해 야기된 분열, 재난 및 급속하게 온난화 되는 지구. 이 같은 혼란 상황은 우리를 시험하였습니다. 막중한 어려움에도 불구하고, 우리는 생명을 구하고 수천 만 명의 생명을 보호하는 것을 도왔습니다. 2030 지속가능한 개발 의제, 파리 기후변화 협약은 우리 모두를 위한 더 안전하고 공평하며 평화로운 세상의 길을 열어주었습니다. 이 기간에 여성의 권한 신장이 큰 진보를 이루었습니다. 젊은이들이 새로운 수준의 리더십에 대응하게 되었습니다. 새로운 사고방식이 자리를 잡았습니다. 매일 매일, 차곡차곡,

우리는 평화와 진보를 위한 더 튼튼한 기반을 지었습니다.

하지만, 많은 고통과 분쟁이 여전히 존재합니다. 수많은 여성들과 아이들이 폭력과 착취를 직면하고 있습니다. 너무 많은 사람이 그 자신이라는 이유만으로 인해 증오를 받고 있습니다. 수많은 문제들의 해결이 어려운 상황입니다. 시리아의 학살과 이로 인해 야기된 격변이 특히나 그렇습니다.

국가들은 그 어느때보다 상호 의존적입니다. 저축도 그 어느 때 보다 연계되어 있습니다. 사람들도 그 어느때 보다 상호 연계되어 있습니다. 국제적인 해결책이 국가의 이익에 부합하는 것은 자명해 보입니다. 하지만 많은 사람이 글로벌 기구가 현실과 괴리되어 행동할 힘이 없다며 의구심을 비추고 있습니다. 다른 사람들도 이를 전 세계적인 권위가 점점 부족해지고 있는 현상으로 보고 있습니다.

거주지와 상관없이 모든 이들은 부족한 것과 두려움 없이 살 권리가 있습니다. 미래를 희망으로 바라볼 권리가 있습니다. 우리 자신이 유엔 설립 헌장에서 보호하고 있는 기준에 귀속되어 있다고 여길 권리가 있습니다. 이러한 목표와 이상은 사치나 환전을 위한 돈이 아닙니다. 이는 사람들이 먼 미래가 아닌 현재에 주장하고 마땅히 받을 만한 것입니다. 이는 선진국 국민 만큼이나 최빈국 거주 국민에게도 해당되는 일입니다. 이 같은 원칙은 지속해서 우리의 업무의 지침이 되어야 합니다. 우리가 모두 국제 사회의 선을 위한 정신을 통해 편협한 국가적 이익에서 벗어나야 합니다.

지난 10년간 현직에서 이런 책무를 얼마나 잘 지켰는지 고심해 보니, 얼굴들이 만화경같이 내 마음속을 메웠습니다. 인도주의적 도움이 필요한 최전선 지역과 인류 진보의 최전선 지역을 방문한 기억이었습니다. 우리 공통 인류의 기반이 되는 인간의 존엄성과 권리에 초점을 유지하였습니다. 취약한 사람들과 오늘날 남겨진 사람들을 옹호하기 위해 노력했습니다. 그리고 우리가 할 수 있는 모든 것을 함으로써 미래 세대가 평화롭게 살 수 있도록 노력하였습니다.

심지어 지금 떠나는 준비를 하고 있음에도, 내 마음은 내가 아이였던 때와 같이 바로 이곳 유엔에 머물러 있을 것입니다. 그리고 이 마음은 진실과 원칙의 사람으로 알려진 안토니오 구테흐스 사무총장에게 바통을 물려준다는 것을 통해 큰 위안을 얻고 있습니다. 의심에 여지 없이 쿠테흐스는 열정과 연민을 통해 다수의 복잡한 난제들을 성공적으로 헤쳐 나갈 것이며, 유엔을 새롭고 더 높은 지평으로 인도할 것입니다.

또한, 나의 조국인 한국, 한국 국민과 정부에 가장 깊은 감사의 말씀을 전하고 싶습니다. 지난 10년간 이들의 전적인 지원을 통해 전 세계적으로 평화, 발전, 인권을 위해 자랑스럽게 일할 수 있는 큰 용기를 얻었습니다.

또한, 이 자리를 빌려 탁월한 리더십과 인류를 위한 연민을 보여준 유엔 사무부총장인 얀 엘리아슨에게도 감사의 인사를 전하고 싶습니다. 감사합니다. 또한 열심히 일한 다수의 직원에게도 감사의 인사를 전합니다. 마무리하며, 신임 사무총장과 우리의 모든 회원국들에 평화, 번영, 성공을 기원합니다. 우리의 유엔을 섬길 수 있음에, 여러분과 함께, "우리 그 사람들을" 위해 일할 수 있음에 영광이었습니다. 유엔의 숭고한 목적과 원칙을 향한 여러분의 지원과 지속적인 헌신에 감사의 말씀을 드립드립니다. 감사합니다.

Shukran jazeelan, Xie Xie, 대단히 감사합니다, Merci beaucoup, Spasiba bolshoye, Muchas gracia, 고마워요.

2007년 1월 1일 첫 업무를 시작하며 유엔에 처음으로 한국인 사무총장 시대를 열었던 반 총장은 2011년 6월 21일 유엔총회에서 전 회원국의 동의로 재선됐고, 연임을 거쳐 이날로 10년의 임기를 모두 마쳤다. 후임인 안토니우 구테흐스 9대 사무총장은 새해 1월 1일 0시를 기해 공식 업무를 시작했다. 반 총장은 임기 동안 193개 유엔 회원국 가운데 154개국을 방문했다. 한 나라를 수차례 중복 방문한 것을 계산하면 559개국에 출장을 다녀왔다.

방문하지 않은 39개국은 접근이 어려운 작은 섬나라와 오지다. 북한도 여기에 포함된다. 반 총장은 10년 동안 480만km를 이동했다. 지구 100바퀴에 해당하는 거리라고 유엔은 밝혔다. 그는 재임 기간 총 3만 4,564회의 일정을 소화했다.

국가원수, 국제기구 수장, 각계 인사들과의 면담 및 오·만찬이 1만 7,066회로 가장 많았고 행사 참석과 연설이 1만 1,676회, 언론 인터뷰와 기자회견이 2,078회, 각국 정상 등과의 전화통화가 3,614회로 집계됐다. 일정은 하루 평균 10개꼴이었다. 유엔 총회 기간에는 31개에 달한 날도 있었다.

그동안 반기문은 유엔 사무총장으로서 수많은 연설을 남겼다. 첫 취임연설부터 고별사까지, 반기문은 "성공적으로 임기를 마칠 수 있게 격려와 응원을 보내준 국민께 감사드린다"며 "가정에 많은 축복이 있기를 기원한다"라고 말했다. 이어 "유엔 사무총장으로서 쌓은 소중한 경험과 식견, 지혜를 어떻게 한국의 발전과 안정, 재도약을 위해 기여할 수 있을지 깊이 생각하고 있다"라고 말했다. 그는 "2017년은 대한민국이 겪는 국내외의 어려움과 고난을 하루속히 이겨내고, 정치·사회적 안정과 경제의 활기를 되찾는 한 해, 국가적 변화와 국민적 통합의 한 해가 돼야 한다"라고 기원했다.

05

귀국 연설 (2017년)

존경하는 국민 여러분, 지난 10년간 유엔 사무총장직을 마치고 그토록 그리워하던 고국의 품에 돌아왔습니다. 따뜻하게 환영해주셔서 거듭 감사드립니다. 저는 유엔 사무총장으로서 인류의 평화와 약자의 인권 보호, 가난한 나라의 개발, 기후변화 대처, 양성평등을 위해서 지난 10년간 열심히 노력했습니다.

지난 10년은 저에게 많은 것을 가르쳐주었습니다. 전쟁의 참화를 통해서 우리의 안보가 얼마나 중요한지를 느꼈고 또 이런 것이 국민의 삶에 얼마나 중요한지를 몸소 터득했습니다.

성공한 나라는 왜 성공했는지 그리고 실패한 나라는 왜 실패했는지 그런 걸 제가 가까이에서 지켜보았습니다. 지도자의 실패가 민생을 파탄으로 몰고 가는 것도 제가 손수 보고 느꼈습니다. 우리나라를 둘러싼 국제정세는 우리의 안보, 경제, 통상에 많은 영향을 미칠 것입니다. 북한 핵 문제를 비롯해서 미국·중국·러시아·일본 등 주변 국가들과의 관계를 더욱더 공고히 해서 여기에 따르는 우리가 대책을 수립하는 것이 시급합니다.

존경하는 국민 여러분, 10년이면 강산도 변한다고 했습니다. 10년 만에 고국에 돌아와서 이 조국 대한민국의 모습을 보고 저의 마음은 대단히 무겁습니다. 가슴이 아픕니다. 그동안 우리가 이룩한 국제적 위상 뒤에는 그만큼 길게 드리워진 그림자가 누워 있는 것을 알았습니다. 나라는 갈가리 찢어지고 경제는 활력을 잃고 사회는 부조리와 부정으로 얼룩져 있습니다. 젊은이의 꿈은 꺾이고 폐습과 불의는 일상처럼 우리 곁에 버티고 있습니다.

그야말로 총체적인 난관이라고 아니할 수 없습니다. 민생이 흔들리는 발전이 무슨 소용이 있겠습니까? 부의 양극화, 이념, 지역, 세대 간 갈등을 끝내야 합니다. 국민 대통합을 반드시 이뤄내야 합니다. 패권과 기득권은 더 이상 안 됩니다. 우리 사회 지도자 모두가 책임이 있습니다. 이들 모두 이제는 책임감, 남을 먼저 생각하는 배려, 그리고 희생정신이 필요합니다.

우리 젊은이들이 희망을 가지고, 자신감을 가지고 미래의 진정한 지도자가 될 수 있도록 우리가 노력하고, 제가 유엔 사무총장으로서 겪은 여러 가지 경험과 식견을 가지고 젊은이의 보다 밝은 미래를 위해서 길잡이 노릇을 하겠습니다. 우리 모두가 힘을 합친다면 반드시 이 난국을 이겨낼 수 있습니다. 우리 민족은 슬기와 용기, 단합된 힘으로 이겨낸 그런 유전자가 우리 몸에 있습니다.

존경하는 국민 여러분, 그간 저는 유엔 사무총장으로서 쌓아온 국제적 경험과 식견을 어떻게 나라를 위해서 활용할 수 있을까 진지하게 성찰하고 고뇌해왔습니다. 많은 분이 저에게 '권력의지가 있느냐' 이렇게 물어봤습니다. 그분들이 말씀하신 권력의지가 이 분열된 나라를 하나로 묶어서 다시 세계 일류국가로 만드는 데 노력할 의지라고 한다면 저는 분명히 제 한 몸을 불사를 각오가 돼 있다고 이미 말씀을 드렸고 그 마음에 변함이 없습니다.

그러나 그분들이 말씀하시는 권력의지가 소위 남을 헐뜯고 무슨 수단을 써서라도 정권을 쟁취하겠다, 권력을 쟁취하겠다, 그런 것이라면 저는 권력의지가 없습니다. 오로지 국민을 위해서, 국가를 위해서 한 몸을 불사를 용의가 있느냐, 그런 의지라면 얼마든지 여러분과 함께하겠습니다. 그간 지극히 편파적인 이익을 앞세워서 일부 인사들이 보여준 태도는 유엔과 제 가슴에 큰 상처를 안겨주었습니다. 실망을 안겨주었습니다.

이 어려운 시기에 헌신하고자 하는 저의 진정성, 명예 또 유엔의 이상까지 짓밟는 이런 행태는 도저히 용납할 수 없습니다. 존경하는 국민 여러분, 저는 지난 10년간 세계 방방곡곡을 다니면서 가난하고 병들고 악재에 시달리는 수많은 사람의 인권과 존엄을 보호하면서 약자를 대변하고 그들의 목소리가 되기 위해서 노력을 했습니다.

힘이 없어 자기 자신을 보호할 수 없는 사람의 보호자가 되었고 목소리가 없는 사람의 목소리가 되어왔습니다. 어디를 가든 어려운 사람들을 위해서 그 사회의 지도자가 마땅히 해야 할 일을 제가 늘 촉구했습니다. 이제 우리 정치 지도자들도 우리 사회의 분열을 어떻게 치유할 것인지에 대해서 해법을 같이 찾아야 된다고 생각합니다. 정권을 누가 잡느냐, 그것이 무엇이 그렇게 중요합니까? 다 우리 대한민국 한 나라, 한 민족입니다.

전쟁으로 나라와 사회가 분열되는 것은 민족적 재앙입니다. 우리는 더 이상 시간을 낭비할 때가 아닙니다. 정권교체가 아니라 정치교체가 이뤄져야 될 때라고 생각을 합니다. 유감스럽게도 정치권은 아직도 광장의 민심에 아랑곳하지 않고 오직 자신들의 이해관계만을 따지고 있습니다. 정말로 개탄할 일입니다.

존경하는 국민 여러분, 저의 귀국 즈음해서 제 개인에 대해서 여러 이야기들이 떠돌고 있고 또 방송이나 신문에 보도가 되고 있습니다. 그리고 그 모든 것이 진실과는 전혀 관계없이 그동안 경험과 식견을 정치 참여를 통해서 조국의 발전에 기여하겠다는 저의 순수하고 참된, 소박한 뜻을 왜곡·폄훼하는 내용들이었습니다.

지난 50여 년간 대한민국에서 그리고 유엔에서 국가와 민족, 세계 일류를 위해서 공직자로서 일하는 가운데 양심에 부끄러운 일이 없다는 점을 제가 다시 한번 명백하게 말씀드립니다. 저는 그동안 귀국 후 국민 여러분들의 다양한 의견을 들을 기회를 갖겠다고 늘 말씀을 드려왔습니다. 내일부터 그 기회를 갖겠습니다. 그리고 겸허한 마음으로 제가 사심 없는 결정을 하겠습니다. 그 결정은 오래 걸리지 않을 겁니다. 감사합니다.

존경하는 국민 여러분, 역사는 2016년을 기억할 것입니다. 광장의 민심이 만들어낸 기적, 좋은 나라를 만들기 위해서 하나가 됐던 좋은 국민을 기억할 것입니다. 광장에서 표출된 국민의 여망을 결코 잊으면 안 될 것입니다. 정유년 새해 우리의 의지는 희망을 향하고 있습니다. 그 누구도 그 어떤 나라도 아닌 진짜 좋은 나라, 진짜 좋은 국민을 위해서 우리 같이 노력합시다.

저는 아까도 말씀을 드렸습니다만 한국 국민이 과거에 수많은 위기를 당하면서 그때마다 우리 국민 특유의 저력, 용기를 발휘한 것을 보아왔습니다. 저는 대한민국 국민의 애국심을 깊이 믿고 있습니다. 현재 상황을 저는 그렇게 비관적으로 보고 있지 않습니다. 한국 국민이 잠시 서로 이견이 있고 또 다툼이 있지만 이런 정쟁을 중단하고 우리 국민 본래의 뜻과 결의 그리고 애국심을 발휘한다면 마치 아침 새벽의 태양이 어둠을 뚫고 솟아나듯이 다시 밝은 새 아침을 맞이할 수 있다고 저는 확신합니다.

국민 여러분, 용기를 잃지 마십시오. 용기를 가지십시오. 우리는 하나가 될 수 있습니다. 힘을 합치면 불가능은 없습니다. 여러분, 대단히 감사합니다. 따뜻하게 환영해주셔서 감사합니다.

이제 반기문에게는 마지막 연설문이 남아 있다. 지금부터 반년 뒤, 2017년 대선이 끝나고 난 뒤, 그가 남긴 연설문이 대통령 취임사가 될 것인가! 대선 패배에 따른 소회와 지지해주었던 국민들에게 감사를 표하는 고별사가 될 것인가!

역사만이 2017년 제19대 대한민국 대권의 주인이 누구인지 알고 있다.

06

반기문 40년 동안의 말

 반기문에 글에 대해서 살펴보았다, 다음은 그가 해왔던 말들이다. 반기문이 40년 동안 해온 말들을 정리해보았다.

- 인생의 최대 지혜는 친절이다.(친절)
- 나를 비판하는 사람을 친구로 만들어라.(포용)
- 베푸는 것이 얻는 것이다.(배려)
- 유머 감각은 큰 자산이다.(유머)
- 대화로 승리하는 법을 배워라.(설득)
- 금맥보다 더 중요한 것은 인맥이다.(인간관계)
- 세계의 역사를 바꿀 수 있는 리더십을 배워라.(리더십)

손 흔드는 반기문

일등이 되어라. 2등은 실패다.(최선)

세계는 멀티 플레이어를 원한다.(멀티 플레이어)

직업을 일찍 결정해라.(선택)

실력이 있어야 행운도 온다.(준비)

잠들어 있는 DNA를 깨워라.

자신부터 변화하라.(자기 개혁)

자기를 낮추는 지혜를 배워라.(겸손)

당신의 생각이 옳다면 굽히지 마라.(소신)

자신이 누구인지 알려라.(긍지)

헛된 이름을 쫓지 마라.(절제)

지금 자면 꿈을 꾸지만 지금 공부하면 꿈을 이룬다.(공부)

근면한 사람에게는 정지 팻말을 세울 수 없다.(근면)

에필로그

정치교체 어떻게 할 것인가

최근 퇴임한 미국 대통령 버락 오바마의 마지막 고별연설이 장안의 화제다. 자국의 국민과 조국을 위해 두 번의 임기를 최선을 다해 마친 오바마에게 미국 국민들은 아낌없는 존경과 찬사를 보내고 헌신에 경의를 표했다.

〈연합뉴스〉 2017년 1월 11일 기사에 따르면, 버락 오바마 미국 대통령은 퇴임을 꼭 열흘 앞둔 10일(현지시간) 고별연설을 통해 "우리는 우리의 시간에, 우리의 손으로 차이를 만들어낼 수 있다는 믿음을 재확인했다"라며 미국 국민에게 희망의 메시지를 전했다.

오바마 대통령은 이날 미국 시카고의 대형 컨벤션센터 매코믹 플레이스에서 한 고별연설에서 "우리는 여러 세대에 걸쳐 미국을 더 나은 나라, 더 강한 나라로 만들었다. 우리는 진보를 향한 기나긴 계주를 하면서 우리의 일이 항상 끝나지 않으리라는 것을 알고 있다"라며 이같이 말했다. 그는 특히 "열심히 일하고, 이웃에 관대한 마음을 갖고, 조국을 사랑하는 시민이 우리의 조국을 바꿀 수 있다는 생각을 하는 것, 그것이 시민의 의무"라고 강조했다.

오바마 대통령은 "미국 정치제도는 함께 더 나은 나라를 만들려는 평범한 사람들에게 답할 것"이라고 덧붙였다. 그는 "2009년 우리는 직면한 도전을 더 강하게 헤쳐 나갔다. 이는 우리가 이 나라를 더 나아지게 할 수 있다는 신념과 믿음을 버리지 않았기 때문"이라며 "여러분 덕분"이라고 고마움을 전했다.

오바마 대통령은 "분 단위로 올라오는 워싱턴의 뉴스 폭풍 속에서 관점을 잃기 쉽지만, 미국의 역사는 분마다 이뤄지는 것이 아니라 세대에 걸쳐 이뤄진다"며 "부모와 교사, 참전용사, 시민의 요청에 부응하는 이웃들이 미국의 이야기를 함께 써왔다"라고 강조했다. 그는 "인생을 살면서 평범한 사람들이 함께 노력하면 비범한 일을 이룰 수 있다는 점을 깨달은 적이 수없이 많다"라며 미국 국민의 단합을 주문했다. 그는 2009년 '오바마 레거시'를 향한 힘찬 발걸음을 내디딜 때와 마찬가지로 고별연설에서도 희망과 변화의 힘을 강조했다.

오바마 대통령은 "변화는 보통 사람들이 참여하고, 그것을 요구하기 위해 함께 뭉칠 때 일어난다"며 "8년의 세월이 지났지만

나는 여전히 변화의 힘을 믿고 있다"라고 말했다. 그러면서 그는 "변화는 미국적 사고의 뛰는 심장이자 담대한 실험"이라고 강조했다. 다만 오바마 대통령은 "우리는 두 걸음 나아가면 종종 한 걸음 뒤로 가는 것을 느낀다. 국가의 진보가 고르지 않다"며 정권 재창출 실패에 대한 아쉬움을 털어놓기도 했다. 그는 그러나 "미국은 일부가 아니라 전부를 껴안기 위해 전진과 끊임없는 건국이념 확대에 노력을 하고 있다"라며 민주주의와 진보를 거듭 강조했다.

오바마 대통령은 "만약 인터넷에서 낯선 사람과 논쟁하는 것에 지쳤다면, 현실에서 그들 중 한 명과 대화하려고 해보고, 선출직 공직자에게 실망했다면 신청서에 사인하고서 공직에 출마하라"라고 권유했다. 그러면서 "우리는 모두 어느 정당이냐를 떠나 민주주의 재건에 투신해야 한다"라고 주장했다.

오바마 대통령은 경제성장과 건강보험개혁정책(오바마케어)을 '업적'으로 손꼽았다. 그는 취임 당시의 대공황 이래 최악의 경제위기에서 벗어나 실업률을 1년 만에 최저치로 낮췄다고 강조했고, 오바마케어로 서민들도 적은 비용으로 건강보험을 갖게 됐다고 힘을 줬다.

오바마 대통령은 그러나 부의 양극화와 불평등 심화에 대한 논란을 지적하며, 앞으로 경제적 기회균등을 통해 민주주의가 더욱 신장하고 '진짜 진보'가 이뤄지길 기대했다. 그는 "불평등이 민주주의 원칙을 훼손하고 있고, 도시 빈곤층과 시골의 많은 사람이 '게임은 우리에게 불리하게 세팅돼 있고, 정부는 가진 자들의 이익에만 봉사한다'는 생각을 하고 있다"라며 "이런 생각이 정치에 대한 더 많은 냉소를 낳고 있다"라고 우려했다. 또 경제 이슈가 중산층 백인 근로자와 차별받는 소수자들 간의 투쟁으로 '편 가르기'에 동원되는 것도 경계했다. 그는 소설 《앵무새 죽이기》의 주인공 애티커스 핀치의 대사를 인용해 "사람을 이해하려면 피부 속으로 들어가 그 속에서 걸어라"라며 이해와 화합을 호소했다.

특히 도널드 트럼프 당선인과 공화당이 오바마케어 폐지를 밀어붙이는 것에 반대하면서도 "민주적으로 더 나은 대책을 만들면 공개적으로 지지할 의향이 있다"라고 말하기도 했다. 또 트럼프 당선인의 '무슬림 입국 금지' 공약에 대해서도 "무슬림계 미국인은 우리 못지않게 애국자들"이라며 "차별에 반대한다"고 강조했다. 그러면서 "미국은 민주주의, 인권 및 여성 권리, 성 소수자 권리를 신장하는 국제적인 싸움에서 물러서선 안 된다"라고 힘을 줬다.

오바마 대통령은 2008년과 2012년 대선에서 승리한 후 두 차례 모두 시카고에서 승리연설을 했다. 그는 연설 무대에 등장하며 "시카고, 안녕하세요"라고 인사를 건넨 후 "미셸과 내게 시카고는 모든 것이 시작된 곳이며, 미국인의 힘과 근본적인 선량함을 보여준 도시"라며 강한 애정을 드러냈다.

오바마 대통령은 부인 미셸 여사를 언급하며 말을 잇지 못한 채 눈물을 글썽이며 손수건으로 눈물을 훔치는 모습을 보였으며, 큰딸 말리아는 여러 차례 눈물을 보였다. 오바마 대통령은 미셸 여사에 대해 "당신은 내 아내이자 내 아이의 엄마일 뿐 아니라 나의 가장 절친한 친구다. 당신은 백악관을 모든 사람의 장소로 만들었다. 원하지도 스스로 만든 것도 아닌 역할을 25년간 우아하고 고상하게, 그리고 훌륭한 유머를 갖고서 해줬다"라며 고마움을 표시했고, 조 바이든 부통령에게도 각별한 감사의 뜻을 표했다.

그는 50분간의 연설을 마감하며 "당신들을 위해 봉사한 것은 내 삶의 영광이었다"며 다시 한번 감사의 말을 전했다. 그러면서 "대통령으로 마지막 부탁을 하고자 한다. 변화를 이뤄내는 나의 능력이 아니라 바로 여러분의 변화능력을 믿어라"라고 당부했다.

오바마 대통령은 "나는 멈추지 않을 것이며, 한 시민으로서 내 삶의 남은 시간을 여러분과 함께 거기에 있을 것"이라며 "우리는 할 수 있다(Yes We Can). 우리는 이뤄냈다(Yes We Did). 우리는 할 수 있다(Yes We Can)"는 말로 연설을 맺었다.

감색 양복에 파란색 넥타이를 한 오바마 대통령은 이날 연설 도중 수차례 기립박수를 받았고 흑인 여성을 비롯해 일부 참석자들은 감동의 눈물을 흘리기도 했다.

오바마 대통령은 연설 과정에서 "세계는 평화로운 정권 이양을 목격할 것이다. 조지 W. 부시(아들 부시) 전 대통령이 나한테 그

랬던 것처럼 나도 도널드 트럼프 당선인에게 그렇게 하겠다고 약속했다"며 남은 기간 평화롭고 순조로운 정권이양이 될 수 있도록 협조하겠다는 방침도 밝혔다.

너무나도 부러운 장면이 아닐 수 없다. 온 국민에게 존경받는 지도자의 아름다운 퇴임, 위대한 국가 건설에 지도자와 국민 모두가 혼연일체되어 함께한 시간을 자축하는 장면은 아름답기까지 하다. 그렇다면 대한민국에 지혜로운 지도자의 탄생은 요원한 일일까? 사람이 문제인가? 정치구조가 문제인가?
연초 모 방송국 시민 인터뷰에 따르면
1. 혼란한 세상을 정돈하는 지도자
2. 계층과 지역 간 갈등을 통합하는 지도자
3. 국민을 먼저 생각하는 지도자
    등의 순으로 국민의 요구가 조사되었다.

여기에 청년 대학생들의 인터뷰는
1. 부정부패 척결로 투명한 리더십을 요구하며 무력함, 무기력, 아무리 노력해도 취업이 안 되는 세상, 야근과 비정규직이 암담한 현실, 티끌모아 티끌인 희망 없는 세상에, 소위 재벌과 고급 관료들은 몇억, 몇십억, 몇백억의 이권개입과 비리로 계층 상층에 대한 희망이 없다고 했다.

2. 기회의 공정성을 요구했다. 노량진 고시촌에서 70만 공시생이 공무원 시험 준비를 하고 있다. 불안정한 사회에 고용안정이 우선되는 공무원이 되기 위한 청년의 몸부림이다. 이들 중 약 4만에서 4만 5,000명만 공무원의 길을 갈 수 있다. 그런데 이런 그들에게 기회의 공정성마저 부정된다면 절망뿐이기 때문이다.
3. 소통과 신뢰를 요구했다. 국민이 선택한 지도자는 국민이 허락한 권력을 국민을 위해서만 사용해야 한다. 더 이상 몇몇 특정인의 이권을 위해서 국민이 허락한 권력이 사용되어서는 안 된다. 상처투성이인 청년들의 요구가 더 처절하다.

그렇다면 정치교체는 어떻게 할 것인가?

제19대 대통령이 누가 되든지 과제가 너무 많은 것은 사실이다. 60년 동안 곪아온 대한민국의 환부가 터져나왔으니 당연한 일이다. 그래서 지도자는 고독하고 외롭다. 모든 드라마나 영화의 주인공도 역시 외롭고 고독하다. 슈퍼맨은 24시간 지구평화를 위해 노심초사하지만 그에게는 친한 친구도, 가족도 없다. 그러나 그는 인류를 위해 언제나 묵묵히 지구 평화를 지키려 충실히 일한다.

대한민국의 제19대 차기 대통령에게 국민들은 부정부패 척결과 검찰과 재벌 개혁, 사회 양극화 해소, 청년실업과 교육, 한반도 통일과 외교 등 슈퍼맨이 아니고는 해결할 수 없는 모든 것을 요구한다. 그러나 그 어떤 지도자가 신이 아닌 다음에야 이런 사회적 갈등을 한순간에 해결할 수 있겠는가.

　이제 반기문은 여태껏 구태의연한 정치인들이 해왔던 어법에서 벗어나 반기문만의 언어를 만들어야 한다. 즉, 무수히 많은 사회적 문제를 혼자 힘으로는 해결할 수 없다. 전문성을 가진 국민들, 시민들의 적극적인 참여를 요구해야 한다. 이제 지도자 한 명이 정책을 결정하는 세상은 지났다. 함께 고민하고 소통해야 한다. 그러기 위해서는 언론의 참여가 중대하다.
　반기문은 언론의 참여를 읍소해야 한다. 국민과 정치인을 소통시키는 생각과 마음과 뜻이 하나로 흐르게 할 수 있는 바른 언론이 정립되어야 한다.
　가칭 '바른언론검증위원회'라든지 보수와 진보를 아우르는 모든 지지 세력을 내려놓고, 오직 국가를 위해서 바른 검증을 시도하려는 언론미디어위원회가 만들어져야 하고, 그 위원회에서 후보자의 인성, 도덕성, 행정력, 외교력, 국방정책, 경제정책, 안보관, 가족관 등을 가혹하리만치 철저하게 객관적으로 살펴보도록 해야 한다. 반기문 스스로 이러한 시스템을 제안해야 한다.
　여태껏 대한민국 국민은 3개 공영방송에서 주최하는 대권주자 텔레비전 토론회를 보며 지지자를 결정했다. 아니 솔직하게 말하면 연고주의, 지역, 혈연, 학연으로 이미 자신의 특정 지지자를 염두에 두고 방송을 보았다. 90분 혹은 100분 토론으로, 후보자 간 1분 혹은 3분 간의 질문과 대답으로 그 후보자의 인성, 행정력, 지도력, 도덕성, 외교, 국방, 경제적 식견, 그동안의 언행 등을 면밀하게 관찰하고 평가한다는 것이 가당키나 한 일인가?

사람이 태어나서 인생에서 가장 큰일은 결혼하는 것이라고 한다. 일평생 같이 살아가야 할 상대방이 누구인지, 어떤 생각과 아픔 또는 비전이 있는지, 아이의 아버지·어머니로 태어날 2세를 양육하고 목양하는 데 부족함은 없는지, 교제 기간에 서로 알아보고 결혼한다. 90분 만에 혹은 100분 만에 결혼을 결정하는 커플은 극히 드물다.

우리는 국가의 안위와 생사를 결정하는 지도자를 선출하기 위한 텔레비전 토론이 1분, 3분간의 묻고 답하는 형식적인 토론과 진영논리를 겸비한 서로를 폄하하는 네거티브 논쟁을 벌이는 모습을 본 뒤 지도자를 선출해왔다. 속내의 본질을 보지 못하고 말장난에 불과한 정치적 프레임에 갇혀서 그 사람의 겉모습을 보고 지도자를 선출해왔다.

이런 문제에 대해 촛불과 맞불을 들은 모든 국민이 반성하고 있으며, 개선을 바라고 있다. 그렇다면 반기문만의 6시간 끝장토론이나 밤샘토론을 제안해야 한다. 이제 나뿐만 아니라 다른 후보자가 정말 새로운 지도자인지를 국민 앞에서 검증받자.

이러한 일갈이 새로운 느낌을 줄 수 있다. 새로운 것을 제시해야만 유엔 사무총장을 지낸 전문외교관 반기문이 피로감에 절어 있는 청년들에게 청량한 회복감을 줄 수 있다! 토론 시간에 자기 장점과 경험을 알려야 한다. 결과적으로 실패한 정권도 있었고 일정 부분 성공한 정권도 있었지만, 국민은 시대 문제에 대한 의식을 결집해 정치와 정권을 선택했다.

반기문은 정권이 아닌 정치를 바꾸자고 했다. 반기문의 프레임이 성공하려면 정치를 바꿀 만한 민의를 결집할 수 있을 만한 대안이 있어야 한다. 또한 그 대안은 실현가능한 것인지 철저하게 검증해야 한다. 내가 준비되어 있어야만 그렇지 않은 다른 경쟁자에게 그와 같은 것들을 요구할 수 있다. 만약 그렇지 않다면 똑같은 방식으로 경쟁자에게 지적을 받고 실천을 강요당할 것이다.

청년과 시민을 대상으로 전국 투어 콘서트를 한다고 했다. 그 투어의 명칭이 김치 콘서트이건, 화해와 소통을 이루는 비빔밥 콘서트이건, 서민을 위로하는 시래기 콘서트이건 이름은 중요치 않다. 구체적으로 무엇을 말할 것인가! 그가 말하는 것이 국민의 지지를 받으며 대중적인 힘을 발휘하고 희망을 가져올 수 있는가! 거기에 실행 가능한 것인가?

독자 세력으로 가든 제3지대를 통한 빅텐트로 개헌론에 참여해나가든 반기문의 앞길이 순탄치는 않을 것이다. 그러나 모든 드라마와 영화의 주인공이 결말을 향해 나아갈 때 마지막 영약,

비전과 목표를 가지고 포기하지 않듯이 반기문도 결단코 포기하지 않고 묵묵히 국민과 동행할 것이라 생각한다.

반기문 전 유엔 사무총장의 10년 활동을 기록해놓은 'UN 지원 SDGs 한국협회 머리글'을 마지막으로 소개한다.

저는 유엔과 그곳에서 일하는 모든 이들의 고결한 희생과 조건 없는 행동 숭고한 정신에 감사함을 가집니다. 물론 유엔을 이끈 리더에게도 같은 마음입니다.

10년은 무척 긴 시간입니다. 그래서 사람들은 그 리더가 그 시간 동안 과연 무엇을 했냐고 묻습니다.

많은 이들이 그에게 아무것도 한 일이 없다고 비난을 합니다. 그 또한 비난을 그저 묵묵히 들으며 경청하고 있을 뿐입니다. 하지만 저는 그가 적어도 네 가지 일을 한 것을 알고 있습니다.

듣다!
그는 어느 곳에 가든 귀를 기울이고 들었습니다.
청년에게, 길가의 성인에게, 아이들에게, 가로막는 난민에게 먼저 손을 내밀고 들었습니다.

낮추다!

그는 그 누구에게도 스스럼없이 먼저 낮추었습니다. 작은 소녀에게, 가난한 사람들에게, 교육의 혜택을 받지 못한 아이에게 다가갔습니다. 어린아이와 보폭을 맞췄습니다.

눈을 맞추다!

그는 어느 곳에 가든 눈을 맞추었습니다. 아이들과, 여성들과, 청년들과, 어르신들과 각 분야 리더들과 눈을 맞추었습니다.

행동하다!

그는 행동으로 말하는 리더였습니다. 세계 최대 탄소배출국인 중국을 기후변화협정으로 이끌었고, 에볼라 바이러스 국가를 가장 먼저 방문했고, 전쟁과 기아 현장에 있었고, 195개국 의견을 하나로 모았고, 각국의 리더들이 함께하고 움직일 수 있도록 행동했습니다.

그가 10년 동안 이끈 유엔은 80개국 8,000만 명에게 식량과 원조를 제공했고, 전 세계 40%의 아이에게 백신을 보급하여 연간 300만 명의 생명을 구했으며, 전쟁·기근·학대를 피해 도망친 6,000만 명을 보호하고 지원하였습니다.

4개국 16개 지역에서 12만 5,396명의 평화유지군과 함께 평화를 위해 노력하였고, 10억 명 이상이 절대빈곤에 나오도록 만들

없습니다.

 제가 아는 그는 듣고, 낮추고, 눈을 마주치며, 오직 행동으로 말하며, 10년 동안 95개국을 움직인 가장 낮은 곳에 있는 사람이었습니다.

 그의 이름은 제8대 UN 사무총장 반기문입니다.

 이제 그가 자신을 낳아준 대한민국을 위해생명을 걸고 마지막 생기를 다해 헌신하려 한다. 제19대 대통령 선거에 출마하는 반기문, 촛불 희망 반기문, 청년 희망 대통령으로 나는 그를 믿는다.

 여러분도 정권교체가 아닌 정치교체를 통해 대한민국을 바꿀 수 있다는 그의 희망을 믿고 지켜봐주길 바란다!

참고문헌

25~41쪽, 〈위키백과〉, '반기문' 인용.
48~50쪽, 〈중앙일보〉 '리셋 코리아,' 2017. 1. 3, 차세현·위문희.
52쪽, 〈경향신문〉, 2017. 1. 4, 이유진·박송이·이종섭.
60~62쪽, 《바보처럼 공부하고 천재처럼 꿈꿔라》, 신웅진, 명진출판, 2007.
66~73쪽, 〈머니투데이〉, 더 리더, "원로의 눈으로 보는 先見之明," 임윤희.
82~84쪽, 《바보처럼 공부하고 천재처럼 꿈꿔라》, 신웅진, 명진출판, 2007.
90쪽, 〈머니투데이〉, 더 리더, "원로의 눈으로 보는 先見之明," 임윤희.
101쪽, 《마이클 샌델의 정의사회의 조건》, 고바야시 마사야, 홍성민·양혜윤 옮김, 황금물고기, 2011.
112~116쪽, 〈노컷 뉴스〉, 2009. 10. 26, "반기문 총장과 100세 미국 할머니," CBS 박종률.
130~132쪽, 〈조선비즈〉, 2017. 1. 11, "경제원로의 경고," 박유연.
138~195쪽 인용·참고, 《통일은 대박이다》, 신창민, 한우리통일출판, 2013.

크리스토퍼 보글러, 함춘성 옮김, 《신화 영웅 그리고 시나리오 쓰기》, 비즈앤비즈, 2013. 박수현, 《세계의 대통령 반기문》, 미르에듀, 2012.
유한준, 《세계를 설득한 반기문 리더십》, 북스타, 2012.
이상화, 《유엔본부 38층》, 나남, 2014.
김동성, 《반기문 리더십》, 한중일미디어, 2011.
남정호, 《반기문, 나는 일하는 사무총장입니다》, 김영사, 2014.
김대우·정연제, 《반기문 카드》, 대경북스, 2015.
장성민, 《중국의 밀어내기 미국의 버티기》, 퓨리탄, 2016.

반기문 촛불 희망 청년 희망

초판 1쇄 발행일 2017년 1월 25일

글 윤학렬
펴낸이 강희제
펴낸곳 힐링21
디자인 김진디자인

주소 413-756 경기도 파주시 직지길 218(문발동)
전화 031-955-0508 **팩스** 031-955-0509
등록번호 제406-2009-000039 **등록일자** 1993년 5월 13일

ⓒ 윤학렬 2017
ⓒ 사진 연합뉴스
＊ 잘못 만들어진 책은 바꾸어 드립니다.
＊ 값은 뒤표지에 있습니다.

ISBN 978-89-969660-6-7(03300)

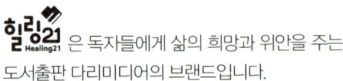 은 독자들에게 삶의 희망과 위안을 주는
도서출판 다리미디어의 브랜드입니다.